いきもの怪談
呪鳴

戸神重明

竹書房怪談文庫

目次

※本書に登場する人物名は、様々な事情を考慮して一部の例外を除きすべて仮名にしてあります。また、作中に登場する体験者の記憶と体験当時の世相を鑑み、極力当時の様相を再現するよう心がけています。現代においては若干耳慣れない言葉・表記が登場する場合がありますが、これらは差別・侮蔑を意図する考えに基づくものではありません。

★登場する生き物一覧

「哭く雑草」……雑草
「鷺草の庭」……サギソウ
「藪知らずの竹」……孟宗竹
「猛暑の夜に」……スイカ
「ソラガオレンジイロニソマル」……ヤナギ
「青木ヶ原散策」……モミ、ヒノキ
「樹海踏破プラン」……ブナ、ミズナラ、カエデ、ツガ、モミ、ヒノキ、ツキノワグマ、ニホンイノシシ、ニホンカモシカ、ニホンジカ
「ヤマビルの巣」……ヤマビル
「理不尽なできごと」……ミヤマカラスアゲハ
「コガネグモの逆襲」……コガネグモ
「黄金の蛇」……アオダイショウの色彩変異型
「星の王子さまとＵＭＡ」……ツチノコ？
「ヒヒヒ鳥」……ハシビロコウに似た謎の鳥
「一番鶏」……ニワトリ？
「亀に化かされた作家」……セマルハコガメ
「ペットコーナーの闇」……イヌ、ネコ、オウム、カメ、カエル
「蛸の船釣り」……ミズダコ
「午後の漂流」……リュウグウノツカイ
「深夜のシーラカンス」……シーラカンス、チョウチンアンコウ、ユーリファリンクス、ヌタウナギ、ラブカ、ダイオウグソクムシ、タカアシガニ
「イタチの狩り」……ニホンイタチ
「先に行け！」……狸
「Ａさんとおたらちゃん」……狐
「深夜の峠」……牛、馬
「今度は遊びに」……黒毛和牛
「麦」……シャム猫と日本猫の雑種
「名前を呼ぶモノ」……エゾヒグマ
「晩鳥狩り」……ツキノワグマ、ニホンムササビ
「犬捜し」……紀州犬の雑種
「白い犬の夢」……日本犬の雑種
「死類怪談」……ヒョウモントカゲモドキ、秋田犬、ヨークシャーテリア、ビーグル、ウサギ
「犬を写すと、」……ボーダーコリーの雑種
「ばらきさんには近づくな」……ウェルシュ・コーギー・ペンブローク、ミニチュア・ダックスフント
「野良亀」……ミシシッピアカミミガメ
「鴉の王」……ハシブトガラス
「あとがき」……マレーハコガメ

哭《な》く雑草

四十代の男性Gさんは建設会社を経営している。その日は工場を建設する予定の広大な土地で測量作業に立ち会っていた。

平地にエノコログサやヨモギ、外来種のヒメジョオンやセイタカアワダチソウなど、多種多様な雑草の群れが密生し、腰の辺りまで伸びている。それらを掻き分けて、測量士や測量士補の作業を見守っていると、不意に草むらから、

「ああ、あああ……。う、う……。ううう、ううう……」

と、苦しそうな呻き声が聞こえてきた。

何事かと、Gさんたちは辺りを見回したが、彼ら一行のほかには誰もいない。

「人の声が聞こえるよな？　女の声かな？」

「はい。でも、僕には甲高い男の声に聞こえますが……」

「男か女かわからないけど、聞こえますね。一体、何なんでしょうねえ？」

その声はずっと聞こえていたが、気にしないようにして、Gさん一行は作業を再開した。

しばらくすると、雑草の群れが揺れ動いて音を立て始めた。

ザザザザッ……。ザザザザッ……。ザザザザッ……。

風はほとんど吹いていなかった。草むらを何かが走り回っているらしい。犬か猫か、あるいは狸でもいるのかと、測量士補が様子を見に行った。だが、草が揺れ動いているほうへ近づこうとすると、動きが止まり、別の方向に生えている草が動き出す。

それに加えて、苦悶する声が、絞り出すような哭き声に変わってきた。

「おいおい。こりゃあ、ただごとじゃねえぞ」

急病人が倒れているのではないか、とGさんたちは心配して本格的に草むらを捜し回ったが、シマヘビが逃げていっただけで、あとは何も発見できなかった。したがって、雑草そのものが哭いたり、自ら動いて音を立てているとしか思えない状況だったという。

やがて忽然《こつぜん》と哭き声はやみ、草も揺れ動かなくなった。

誰もが気味悪く思いながらも、何とか気を取り直して測量作業を続けたそうである。

後日、建設工事を始める前に草刈りが行われた。

「死体が出てくるんじゃねえか」

と、Gさんは危惧したが、幸い、人や獣の死体が出てくることはなかった。

ところが、草刈りが終わった翌日になって、更地で若い女性が死んでいるのが発見され、現場は大騒ぎになった。場所はちょうど雑草が揺れ動き、人の声が聞こえた辺りである。

女性は夜中にゲートを越えて侵入したらしい。市販されている薬品を飲み物と一緒に大量に飲んだようで、空き箱や空き缶、レジ袋などが近くに散乱していた。家出人で、家族から捜索願いが出ていたことから身元はすぐに判明し、自宅から遺書めいた書き置きも発見された。それで服毒自殺として騒ぎは収まったのだが、こともあろうに、なぜこの場所を選んだのかは、誰にもわからなかった。

「まるで、引き寄せられてきたみたいだな」

Gさんは気味悪く思ったが、殺人事件でないことがわかると、まもなく建設作業は開始された。そして基礎工事のため、地面を広範囲にわたって深く掘ったところ、江戸時代の遺物が出土した。

工事は一時中断し、発掘調査が行われたが、新しい死体はおろか、古い人骨が発見されることもなかったという。

鷺草《さぎそう》の庭

群馬県在住の女性Dさんが中学生の頃のできごとである。Dさんの自宅は郊外にあり、広い庭付きの一戸建て住宅で、祖父母が同居していた。祖母は草花が大好きで、とりわけ苧環《おだまき》や鷺草を好み、庭に植えていた。雑草がよく生えてくるので、祖母は毎日、それらを小さなうちに抜いていたという。

夏休みの昼下がりのこと。

俄《にわ》かに空が曇ってきて、黄昏時《たそがれどき》のように薄暗くなった。大粒の雨滴が乾いた地面を打ったかと思うと、一気に大きな音を立てて雨が降り始めた。水の匂いと、地面から立ち昇る砂埃の、どこか香ばしい匂いが漂ってくる。

（なから降《だいぶ》ってきたなぁ）

自室で読書をしていたDさんは、本から顔を上げた。庭に目を向けると、祖母が傘も差さずに草むしりをしている。

「お祖母ちゃん！」と何度も呼んだが、Dさんの声は雨音に掻き消されてゆく。

祖母は全身びしょ濡れになっていた。このままでは風邪を引いてしまうだろう。

Dさんはやむなく傘を差して庭へ出た。一心不乱に草むしりをしている祖母に近づく。

「お祖母ちゃん！　ねえ！　こんな雨の中にいたら、風邪引いちゃうよ！　家に入ろう！」

Dさんは祖母の肩を軽く叩いたが、反応がなかった。祖母はこちらに背を向けて、ずっと俯いている。胡麻塩の頭髪も、身に着けている黄色のブラウスもぐしょ濡れだ。上腕を掴んで引っ張ってみたが、微動だにしない。

(どうしたんだろう？　まさか、とうとう認知症になっちゃったのかな)

Dさんは予期せぬ事態に混乱して、呆然と立ち竦《すく》んでしまう。

そこへ家の角から、祖母が傘を差して現れた。

「誰と話してるん《の》!?　風邪を引くから、早く家に入《はい》んない《りなよ》ね！」

と、逆に心配そうに言われてしまった。

(えぇっ!?　そんな！　じゃあ、ここで草むしりをしてるのは、誰……？)

急に掴んでいた祖母の上腕の感触がなくなった。足元を見れば、先程まで祖母だと思っていた者の姿はなく、鷺草を植えた植木鉢が地面に置かれている。しかも、本来ならば翼を広げた白鷺に似た白い花々が、どれも鮮血を浴びたように赤黒く染まっていた。

愕然としながらも、瞬きを何度かしてみる。そして鷺草を再び見下ろすと、白く可憐な花々が、降り頻《しき》る雨の中で咲き誇っていたそうである。

藪知らずの竹

竹の仲間はイネ目イネ科タケ亜科に属するが、草でも樹木でもない植物とされている。その繁殖力は凄まじく、森に侵入してほかの植物――とくに樹木――を滅ぼしたり、人家を破壊することもある。中でも北海道以外で最も数多く見られる孟宗竹《もうそうちく》は中国原産で、日本には江戸時代に持ち込まれた。高さが二十メートルにも達する、大型の竹である。

さて、〈八幡《やわた》の藪知らず〉は、千葉県市川市八幡に現存している。元は日本武尊《やまとたける》の陣屋だったとする説や、平将門の墓だとする説などがあり、〈祟りの藪知らず〉とも呼ばれ、足を踏み入れた者は失踪したり、災いを受けて死んだりすると言い伝えられている。ただし、実際に侵入した者がいたが、無事だった、という話もあるようだ。

面積は十八メートル四方ほどで、禁足地として周りを石材などの柵で囲まれている。江戸時代には既に現在の広さになっていたらしい。昭和の終わり頃までは雑木林だったが、その後、孟宗竹による侵食が進み、現在では一面に竹藪が広がっている。禁足地ではあるものの、竹の伐採はたまに行われているという。

現在七十代前半の男性Yさんは、以前に〈八幡の藪知らず〉の近くで靴屋を経営していた。まだYさんが四十代後半の頃の話である。

その日、常連客であり、幼馴染みでもある男性A君が店を訪ねてきた。

「今まで履いてたブーツがぼろぼろになったから、さっきデパートで新しいブーツを買ってきたんだよう」

新品のブーツを履いている。古いブーツはデパートの紙袋に入っていた。

「持って帰るの面倒だからさ、このお店で捨ててくれないかねえ」

と、取っ手が付いた紙袋を差し出そうとする。A君には精神疾患があり、日頃は普通に暮らしているのだが、たまに奇矯な言動を見せることがあるのだ。

(うちだって、ブーツは売っているんだぞ)

当然、Yさんは快く思わず、断ることにした。

「そいつはなぁ、買ったデパートに頼むべきだろ」

「断られたんだよう」

「だったら、自分ん家《ち》で捨てなよ。近いんだからさ」

それから数日後。

常連客のB氏が見覚えのある紙袋を手にして、Yさんの店にやってきた。

「〈藪知らず〉で、いい物を拾ったんだよ！　ここのお客さんで、履く人いるかもな、と思って持ってきたんだ。あげるよ！　ほら！」

Yさんは嫌な予感を覚えた。B氏が満面に笑みを浮かべながら差し出してきたのは、例のデパートの紙袋であった。中身を取り出してみると、先日、A君が持ってきた古いブーツである。傷だらけで靴底は擦り減り、今にも穴が開きそうに見えた。

B氏は会社を幾つも経営している富裕な実業家で、「俺は安物なんか絶対に買わない。美しい高級品こそ正義だ！」と公言していた。劣化した古いブーツなどを拾ったことからして変だし、「いい物」と口にしたこともおかしい。

（この人、どうしちゃったんだよ？）

Yさんは怪訝に思ったが、B氏の勢いに押されてやむを得ず、紙袋ごとブーツを受け取った。幼馴染みのA君とは違って、何でも話せる仲というわけではない。断って不機嫌にさせても面倒だ、と判断したのだ。それはすぐさま燃えるゴミとして処分したという。

数日が経って、A君が店に顔を出した。靴を買う目的ではなく、暇だったので遊びに来たのである。すかさずYさんはこう訊いてみた。

「この間の、紙袋に入っていたブーツのことなんだけど、あのあと家で捨てたのかい？」

「ううん。〈藪知らず〉の前を通ったから、竹藪に投げ捨てたんだよう」

A君は屈託なく笑う。

「おいおい、罰当たりなことをするなよ」

A君の奇行は病気が原因なので、悪意はないのだろう。事情がわかっているYさんは、叱ることはせず、軽く注意するだけに留《とど》めた。

（それにしても、Bさんがあんな物を拾うなんて）

竹藪は人の背丈に近い高さの柵に囲まれている。捨てた物を拾うには、柵を乗り越えなければならなかったはずだ。Bさんの行動も奇行としか言いようがない。

（選《よ》りに選って、何でうちに持ってきたんだよ。おかげで俺が捨てることになって……。大体、〈藪知らず〉に捨てたゴミがうちに戻ってくるなんて、気持ち悪いよな）

それきりA君のブーツが、Yさんの店に戻ってくることはなかったのだが……。

今度は〈藪知らず〉の周辺で、B氏の奇行が地域の住民に目撃されるようになった。竹の枝を手にして、その葉に齧《かじ》りついている。さながら笹の葉を食べるパンダのようだという。夜明け前など、人目につかない時間帯に柵を乗り越えて、竹藪に侵入していたらしい。

Yさんも一度、早朝に散歩をしていて、その姿を見かけたことがある。挨拶をしたが、こちらを向いても黙っていて、再び竹の葉を頬張り始めた。

「そ、そんなものは、食べないほうが……」

小型の竹である笹の仲間の葉には、胃腸の調子を整える成分が含まれており、漢方薬としても利用されている。だが、加工せずに人間が食べられる代物ではない。ましてや今、B氏が口に含んでいるのは、食用には向かない孟宗竹の硬い葉であった。

B氏は少し噛んでは強引に飲み込もうとして、噎《む》せていた。

「もうやめたほうがいいですよ！　身体に悪いです！」

制止しようとしたが、B氏は目をひん剥いてこちらを睨みつけてくる。

その形相は狂気を感じさせた。おまけにB氏は竹の枝葉を伐《き》り落とすためか、右手にアーミーナイフを握っていた。

（うわっ！）

Yさんは後退《あとずさ》りして、B氏が襲ってこないことを確認してから、踵《きびす》を返した。少し進んで振り返ると、B氏は既にこちらを見ておらず、夢中で竹の葉を頬張っていたという。

その後、B氏が竹の葉を喉に詰まらせて救急車で病院へ搬送されたあと、家族によって精神病院へ転院させられた、との話を、Yさんは近所に住む事情通から聞いたそうだ。

猛暑の夜に

現在四十代の女性M田さんが、小学三年生だった夏のことである。両親と二つ年上の兄と四人で、新潟県十日町にある祖父母の家に連泊した。従兄弟たちと〈スイカ割り〉などをして遊び、夜は二階の空き部屋に四人で布団を敷いて寝ることになった。

この家は古い二階建ての木造住宅で、扇風機はあるが、エアコンは設置されていない。その夜は猛暑で、暑さからなかなか眠れずにいた。

部屋の蛍光灯は消してあったが、オレンジ色の光を放つ豆球だけは点けてある。窓のほうを見ると、ガラス戸が十センチ程度しか開いておらず、夜風が十分に入ってこない。もっと開ければ涼しくなるかもしれない、とM田さんは思った。窓際に父親が寝ている。

「お父さん、暑いよう。窓、開けてよう」

父親はしこたま酒を飲んで熟睡しており、何度も声をかけたが、目を覚まさなかった。

「ん、もう……」

仕方なく自分で窓を開けに行こうとすると、父親の隣で寝ていた兄が上半身を起こした。

「俺が開けてやるよ」

兄は立ち上がって、父親の大きな身体を踏まないように避《よ》けてから、窓辺へ近づいた。そしてガラス戸を開けた途端に、

「ああっ！」

大声を上げて仰《の》け反《ぞ》った。

「お兄ちゃん、どうしたの？」

M田さんには何が起きたのかわからなかった。

「あ、あれ！　あれを！　見てみろよ！」

「なあに？」

M田さんは訝しく思いながら窓辺へ近づいた。

だが、外には月が出ているほかは暗闇が広がっているばかりで、何も見えない。

「何もないじゃないの」

「何……？　おまえには、あれが見えないのか？」

兄が目を見開いて、呆れた顔をした。

兄がガラス戸を開けると、閉めてあった網戸の向こうに大きな球形のスイカが浮かんでいたという。それだけでも奇妙なのだが、スイカの下には胴体と手足があった。甚平らし

き紺の和服を着た、人間の男と思われる姿をしている。頭部だけがスイカなのだ。

「ああっ！」

動転した兄が大声を発すると、〈スイカ男〉も驚いたのか、背を向けて逃げ出した。

この部屋は二階にある。〈スイカ男〉は空中を走っていた。月光を浴びた後頭部は緑色に黒い筋が幾条も入っている。兄がＭ田さんを呼ぶと、じきに暗闇へ紛れ込んで姿が見えなくなったそうだ。

「ヤダ！　そんなの、全然見えなかったよう！　変なこと言わないでよう！」

Ｍ田さんは怖くなって泣き出してしまった。その騒ぎで両親も目を覚ましたのだが、兄が懸命に説明しても、まるきり信じてもらえなかったという。

ちなみに、スイカはアフリカ大陸の砂漠やサバンナが原産地で、四千年以上前の古代エジプトでは既に栽培され、食されていた。ヨーロッパ南部や中央アジアを経て、中国から日本に伝わったと考えられている。伝来した時期は平安時代説や室町時代以降説などがあるが、江戸時代後期には幾つもの〈品種〉が栽培されていたらしい。漢字の〈西瓜〉は中国語由来で、西から来た瓜の意味である。植物としては〈野菜〉に分類される。

さて、兄が〈スイカ男〉を見た、と言ったのは、このときが最初で最後であった。

翌々日、一家は東京都内にある自宅マンションへ帰った。

それから数日後。兄は突然、死んでしまった。

M田さんと二人で外出して、横断歩道を渡っていたとき、赤信号を無視して突っ込んできたトラックに轢《ひ》かれたのだ。

M田さんは兄よりも二メートルあまり後ろを歩いていたことから、無傷で済んだ。しかし、腰を抜かして、熱く焼けたアスファルトの路面に座り込んでしまう。

兄は頭部が裂け、血まみれになって俯せに倒れていた。何度か手足を痙攣《けいれん》させたあと、まったく動かなくなる。

その頭部が、スイカに変化するのをM田さんは認めた。十日町の従兄弟たちとスイカ割りをして遊んだときに目にした、真っ赤に割れたスイカに見えてきたのである。

救急車やパトカーが到着し、大勢の人々が駆けつけてきた。M田さんがそのうちの誰かに助け起こされたとき、割れたスイカは醜く裂けた兄の頭部に戻ったという。

ソラガオレンジイロニソマル

その町は大きな川の畔《ほとり》にあった。住宅地の外縁に土手が続いていて、広い河川敷にはヤナギなどの雑木が鬱蒼《うっそう》と茂っている。

晩秋のこと、ヤナギ林の中から、二十代前半と思われる女性の遺体が発見された。

発見したのは〈虫屋〉と呼ばれる、昆虫採集を趣味とする男性たちであった。平地のヤナギなどの切り株や半ば地中に埋もれた倒木には、ノコギリクワガタやヒラタクワガタ、コクワガタなどの幼虫が棲み着いている。秋に羽化した成虫が来夏の活動期まで休眠していることもある。〈虫屋〉の中でも〈クワガタ屋〉と呼ばれる者たちは、晩秋から春までの間によく朽ちた材を掘り出し、割って大物を狙うのだ。

彼らは三人でこの場所へ来て異臭に気づき、既に冷たくなっている若い女性と出くわしたのである。遺体は赤いブルゾンに紺のジーンズという服装で、ヤナギの根を枕にして仰向けに横たわっていた。

彼らは慌てて警察に通報した。騒ぎは町の人々の耳目に触れることになった。

遺体の近くに農薬の瓶が転がっていたことや暴行された形跡がないことから、警察は服毒による自殺と判断した。問題は女性の身元がすぐには判明しなかったことである。

その後、夕暮れに土手の付近で人々がジョギングをしたり、犬に散歩をさせたりしていると、風がない日でも木々が激しく揺れ動くことがあった。犬が反応して猛烈に吠える。あるいは怯えて動けなくなる犬もいた。土手の上から灯りを向けても、何もいない。ただ、ヤナギの枝と黄葉《こうよう》が威嚇するかのように音を立てながら揺れ続けている。

「きっと、こないだ自殺した女の幽霊が出てるんだよ！」

そんな噂話が、土手の下に広がる住宅地に住む男性会社員、Qさんの耳にも入った。

「鴉《からす》の群れでもいたんじゃないか。薄暗い所に真っ黒な鳥がいたら、見えないだろうよ」

彼は幽霊の仕業とは信じていなかったが、ある日の早朝、自宅の玄関のドアに赤黒い液体で文字が書かれていることに気づいた。

ソラガオレンジイロニソマル

「おまえが、こんないたずらをしたのか？」

中学一年生の息子を呼んで問い質《ただ》すと、「知らないよ」と首を振る。文字はドアの外側に書かれていた。昨夜、午後八時過ぎに帰宅したときにはなかったので、夜遅くから明け方までの間に外部の人間がやったことであろう。Qさんは水を含ませた雑巾で文字を拭き取ったが、血液を思わせる粘りけの強い液体で、なかなか落ちなかった。
それからQさんは同じ市内にある職場へ出勤するため、バス停まで歩いていった。その途中、ほかの家のドアを見ていったが、土手に面した家すべてのドアや一階の窓などに、
ソラガオレンジイロニソマル
と、文字が書かれていた。

その日の夕方、空に夕焼けが広がった。美しいというよりも、業火《ごうか》に燃え上がるようなオレンジ色をしている。職場の窓ガラスを通して屋内までオレンジ色に染まって見えた。夏ならともかく、晩秋にこれほどの夕焼けは滅多に見られない。Qさんは目を瞠《みは》って、

(何だか、この世の終わりの前触れみたいだ)

ふと、悪い想像をした。

この夜、Qさんは残業で帰りが遅くなった。夜が更けるにつれて冷え込んできたが、風は微かに吹いている程度であった。

月が出ている。鳴く虫の声もめっきり絶えた土手下の道を歩いていると、河川敷のヤナ

ギ林のほうから、わさわさ、わさわさ……と物音が聞こえてきた。

（おや、この音は何だ？　川が流れる音じゃないな）

土手に上がってみると、木々の枝葉が激しく揺れているらしい。

（変だな。大した風でもないのに……。やっぱり鴉でもいるんだろうか？）

月明かりだけではよく見えなかったので、Qさんは一旦自宅へ帰り、懐中電灯を持って再び様子を見に行くことにした。

（幽霊なんているものか。俺が正体を暴いてやろう）

と、意気込んでいたという。

現場までは歩いて三分ほどである。引き返してみると、木々はまだ揺れていた。懐中電灯の光を向けて樹上を凝視する。梢の枝と枝が擦り合わされ、色褪せた葉が散ってゆくのが見えた。鳥や獣の姿はない。

だが、そのとき――――。

光の輪の中に飛び込んできたものがいた。下のほうから浮かび上がってきたのである。赤いブルゾンを着て、紺のジーンズを穿いた、二十代半ばくらいの女であった。中背で痩身。長い髪を振り乱し、柳眉《りゅうび》を逆立ててこちらを睨んでいる。高さ七、八メートルはある木の上に浮かんでいた。片手に何かを持っている。

ほかの女の生首だ。長い髪の毛を鷲掴みにして、ぶら下げていた。

女は手足を動かすことなく、こちらに向かって宙を移動してきた。その凄まじい形相と生首を目の当たりにしたQさんは、咄嗟《とっさ》に逃げ出していた。女が何をするつもりなのかは不明だが、危険な相手だと直感したのである。無我夢中で土手を駆け下りていた。

土手下の道で一度、Qさんが振り返ると、女は地上数十センチの低空まで降りてきていた。依然として手足を動かさず、空中を滑るように追いかけてくる。

Qさんは自宅へ逃げ込んだ。ドアを閉めて即座に鍵を掛ける。

ダンッ！

ドアに何かが体当たりをしたらしい。

ダンッ！　ダンッ！　ダンッ！　ダンッ！　ダンッ！　ダンッ！　ダンッ！

衝突音が繰り返され、重厚な木製のドアが揺れ動く。

「どうしたの？　何？」

Qさんの妻子が玄関へ集まってくる。皆が騒ぎを聞いていたのだ。

「お、追いかけてきたっ！　女の幽霊がっ！　生首を持ってるっ！」

Qさんはひどく狼狽していたが、じきに衝突音がやんだ。

「いなくなったのかな……？」

ドアスコープから外を覗いてみると――。

生首を提げた女が、まだこちらを見つめていた。

もう一度、ドアに体当たりをしてくる。

また衝突音が上がって、Qさんは堪らず後退していた。

しかし、それを最後に静かになった。少し間を置いてから、再び恐る恐るドアスコープを覗いてみると、女はいなくなっていたという。

「自殺した女の幽霊が出る、という噂話は本当だったのか……」

Qさんは一安心したが、気になることがあった。女が片手に提げていたほかの女の生首は何だったのか？　そのような遺体はまだ見つかっていないのである。


数日後の夕方、また空に鮮やかな夕焼けが広がった。

Qさんの家の近所に、Pさんという男性が住んでいる。彼は夜更けに車で帰宅する途中、土手の斜面に佇む若い女の姿を目撃した。その女は、白目を剥いた別の女の生首を片手に提げていた。Pさんが驚き、車を停めて様子を見ていると、女は宙を飛んで車の真横まで移動してきた。

（開けろ！）

と、言わんばかりにドアガラスを激しく叩く。

生身の人間ではないことを察したPさんは車を走らせ、自宅へ逃げ込んだ。後を追ってきた様子はなかったが、玄関に入ると、ドアに体当たりをしてくる大きな音が何度も聞こえたという。

それから何日かして、同じ現象が町内でまた起きた。今度は塾から帰宅途中だった女子中学生が同じ女に追いかけられたのだ。女子中学生は死に物狂いで自宅へ逃げ込んだが、よほどの衝撃を受けたらしい。徐々に精神状態が不安定になり、心療内科医院へ通院していたものの、やがて学校を休んで自宅に引き籠もるようになってしまった。


この二人が家族や近所に住む人々に目撃談を語ったので、たちまち話が広まった。それを妻から聞いたQさんは、

「あんなものを見たら、頭がおかしくなるのも当然さ。俺だって仕事に行くのが嫌になったよ。帰りが心配で心配で……」

途方に暮れて、妻にそう零《こぼ》した。

「それにしても、あの女、俺たちに何の怨みがあるっていうんだ」

町の人々は誰一人として、生前の女と面識がなかったのである。

ただならぬ事態に警察を呼ぶ者がいたり、町内会でも問題になったりしたそうだが、冬になって保管されていた遺体の身元が判明した。遠く離れた地方に住んでいた女で、事情は不明ながら、家族が失踪に気づくのが遅れたらしい。自殺の原因までは公表されず、なぜこの場所を終焉の地に選んだのかもわからなかった。遺体は遺族に引き渡され、茶毘《だび》に付されたものと思われる。

その後はソラガオレンジイロニソマルという文字も、土手の周辺にあの女が現れることもなくなった。

一方、女が持っていた生首の遺体は、未だに発見されていない。

青木ヶ原散策

これは怪談の蒐集《しゅうしゅう》を趣味にしている小泉怪奇さんが、三十代の男性Cさんから聞いた話を私、戸神に提供して下さったものだ。

山梨県の富士河口湖町と鳴沢村の間に広がる青木ヶ原樹海は、自殺が多発し、怪奇現象が目撃される場所として、よく知られている。そのため、〈魔境〉というイメージを持たれがちだが、樹海の中には整備された遊歩道が続いていて、森との境界を示す低い柵やロープが張られた場所もある。遊歩道を歩くだけなら危険は少なく、誰でも散策を楽しめる。

五、六年前のこと。近くの町に住む男性Cさんは、朝早くから車で樹海にやってきて遊歩道を散策していた。初夏の晴れた日のことで、広大な森林ならではの、木々や土の香りが濃厚に立ち込めている。Cさんが自然を満喫していると——。

落ち葉や落ち枝を踏む足音がして、森の中から一人の男が、膝ほどの高さに張られたロープを跨いで駆け出してきた。五十がらみの男で、飛ぶような速さで接近してきたかと思うと、あたかも獲物に躍りかかる鷲や鷹のごとく、Cさんの腕を強く掴んだ。

「わあっ！」

Cさんは堪らず叫んだ。物凄い力で握られて、手首の上辺りが痛い。

「な、何をするんですかっ⁉」

「一緒に来てくれっ！」

「えっ⁉」

「こっちに来てくれっ！」

男が歩き出す。Cさんは凄まじい力で引っ張られ始めた。

「頼む！　頼むから、こっちに来てくれ！」

男がロープを跨いで越える。Cさんもそれに続くしかなかった。わけがわからず、嫌がって振り解《ほど》こうとしたものの、果たせずに引っ張られてしまう。男は身長が低めで、体格はCさんよりも劣っていたが、力が強過ぎた。

「わかりました、わかりました！　わかったから、手を離して下さい！　痛いから……」

Cさんは懇願するように言ったが、男はかまわず森の中へ踏み込んでゆく。

「いいから来てくれっ！　こっちだから！」

と、一向に手を離してくれない。

Cさんは身の危険を感じ始めた。何度か木の根に躓《つまず》いて転びそうになる。転んでも地面を引き摺られそうな勢いであった。

「こっちだから！　こっちだから！　こっちだから！　こっちだから！」

男はもはやCさんの話を聞いていなかった。独り言のように同じことを叫び続けている。

だが、七、八メートルほど森の中に入ったところで、ふいと立ち止まり、

「あれだっ！」

と、前方を指差した。同時に猛烈な腐臭が漂ってくる。

見れば大きなモミの木が生えていて、人間の死体がぶら下がっていた。太い枝に縄を掛けて首を吊っている。こちらに顔を向けているが、俯き加減で、肌の色はどす黒く変色しており、腐敗が進んでいた。短髪であることやポロシャツにスラックスを穿いた服装などから、辛《かろ》うじて性別は男性とわかる。衣服も黒ずんでいた。蝿の大群が舞い上がったり、留《と》まったりを繰り返している。

Cさんは我慢できず、その場に俯き、嘔吐してしまった。

吐き気が治まってきてから、あれは死体じゃないですか！　と言おうとしたところ、いつの間にか男は手を離していなくなっていた。Cさんは四方を見回して男を捜したが、どこにも見当たらない。立ち去ったにしては足音が聞こえなかった。

（とんでもないことになった。警察に通報しなきゃあ……）

山奥ではあるが、ここでは携帯電話が使用できる。Cさんは死体から離れ、遊歩道まで戻ると、携行していたスマートフォンで警察に通報した。

約一時間も待たされたが、警察官たちが来たので、Cさんは現場を案内した。そこは遊歩道から近いにも拘らず、モミやヒノキなどの木々に隠されて、遊歩道からは死体を確認することができない。あとから来た刑事がそれを不審に思ったらしい。

「よく見つけましたねえ。……だけど、どうやって見つけたんですか？」

Cさんは尋問してきた刑事に、先程の男のことを説明した。

「ほう。その男性は、どこにいるんですか？」

「それが、いなくなったんです。突然消えちゃったんですよ」

「そりゃあ困りましたねえ……」

刑事はその人物が誰なのか、どのように死体を発見したのかを知りたがっていた。自殺か殺人事件か、まだ判別できず、関係者全員から調書を取る必要があったためである。

「どんな人でしたか？」

「……年は、五十歳前後かな……。どちらかというと、小柄で、髪の毛は、短めでした」

「そんな人、本当にいたんですか？　足跡がね、一人分しかないんですよねえ」

現場周辺の地面には新しい足跡が残っていたが、Cさんの足跡しか見当たらないというのだ。どうやら、この一件は殺人事件で、犯人かもしれない、と疑われているらしい。

「でも、これを見て下さい！　腕を掴まれて引っ張られたんですよ！」

Cさんは自らの腕を見せた。物凄い力で握られたので鬱血しており、まだ皮膚に五指の痕が残っていた。

「いや、自分でも握れる箇所ですからねえ」

と、否定された上に、しつこく根掘り葉掘り尋問され、Cさんは辟易《へきえき》したが、実は男の死体の近くから鞄が発見されていた。鞄の中から財布が出てきて、数万円の現金と免許証が入っていたそうで、

「この男性の顔に見覚えがありますか？」

Cさんは刑事から免許証を見せられた。写真に写っている男の顔に見覚えがある。

「あっ！　この人です！　僕の腕を掴んで、引っ張っていったのは！」

刑事は唸って、尋問を打ち切った。

Cさんの話をすべて信じてくれたのか、定かでないが、鞄の中からビニール袋に入った遺書が発見されたこともあって、結局、この一件は自殺として処理されたという。

樹海踏破プラン

これも小泉怪奇さんが三十代の男性Jさんから蒐集し、私に提供して下さった話である。

二〇一〇年、アウトドアが好きなJさんは、〈樹海踏破プラン〉を立てた。これは単独で富士山麓の静岡県側からバスに乗って山梨県に入り、徒歩で青木ヶ原樹海の遊歩道がない場所を北へ向かって、二泊三日以内に縦断する計画であった。

青木ヶ原樹海は、自殺者が多いことに加えて、ゴミの不法投棄が跡を絶たないことから、ボランティアの有志による見回りが盛んに行われている。その上、樹海全体が国の天然記念物や、国立公園の特別保護地区に指定されているため、樹木を傷つけると文化財保護法違反や自然公園法違反となり、処罰の対象となる。

Jさんは車を所有しているが、『一晩でも路上駐車をすると、自殺者ではないかと疑われ、警察に車種とナンバーを通報されてしまうことがある』とアウトドアの仲間から聞いて、公共交通機関の利用と徒歩を選んだ。また、踏破後に車を駐《と》めた場所まで引き返さなければならないことも不便に思えたのだという。

Jさんはボランティアの有志による監視を避けるべく、様子を窺《うかが》いながら樹海へ踏み込んだ。装備は万端で、背負ったリュックには、ツェルト（簡易テント）、寝袋、携帯食糧、缶詰、コンロ、鍋、水などが入っている。頑丈な登山靴を履いていた。

かつてここでは、磁気を含んだ鉱物があることから方位磁石《コンパス》が狂う、と言われてきた。それでよくビニール紐を木々に結びつけて目印にすることが行われてきたものの、実際には方角がわからなくなるほど方位磁石が狂うことはない。

電子機器が作動しなくなる、という俗説もあるが、携帯電話は使えるし、感度が良いGPSなら問題なく衛星からの電波を受信できる。そのため、Jさんは専《もっぱ》らスマートフォンでGPSを利用し、ビニール紐は持参しなかった。

第一日目。Jさんは樹海の中をひたすら歩き続けた。

道なき森の中を進むのだが、大体のルートは決めてある。場所によってはブナやミズナラ、カエデなどの落葉広葉樹が生えているものの、ツガやモミ、ヒノキなどの針葉樹が圧倒的に多く、森の中は昼間でも薄暗くて、下草は少ない。一見、歩きやすいように見えるが、然《さ》に非《あら》ず。地面は溶岩が固まったもので、その上に枯れた倒木や落ち葉が被り、苔《こけ》が生えているだけの場所が多く、土は少ない。足を踏み出す度に地表を踏み抜き、凸凹した溶岩の窪みに足がめり込むので、極めて歩き難《にく》いのである。

運動靴では足が痛くて堪ったものではないが、Jさんは頑丈な登山靴を履いていたため、痛みに悩まされることはなかった。もっとも、歩き難いことに変わりはない。

進むうちに日が傾いて、辺り一帯の暗さが増してきた。鬱蒼とした針葉樹の森は、夕闇の訪れが早い。

Jさんはツェルトを張った。持参した食糧を食べるうちに夕闇が濃くなってくる。

今夜は月も星も出ていなかった。森の中に暗黒の深い闇が広がってゆく。

Jさんは早めに寝袋に入って眠ることにした。

しばらくして……。

ツェルトの外から、キシッ、キシッ、キシッ、キシッ……と物音が聞こえてきた。

(風の音か……？　いや、そうじゃないな)

動物の足音らしい。こちらに近づいてくるようだ。

富士山麓にはツキノワグマが数多く生息している。ニホンイノシシやニホンカモシカ、ニホンジカも多い。その中で遭遇すると危険なのは熊と猪だが、カモシカが人を襲って負傷させた話も聞いたことがある。Jさんは緊張してきた。

(参ったな……。頼むから、何もしないで通り過ぎてくれ)

ギシッ……。ギシッ……。ギシッ……。ギシッ……。

一歩ずつ地表を踏み抜く大きな足音が、さらに近づいてくる。Jさんは、自分の足音と似ているな、と思った。獣ではなく、二足で歩く人間の足音のような気がする。

(人間だとしても、こんな時間にこんな所へ来る奴なんて、余計に怖いな)

犯罪の臭いがする。

足音が一層、接近してきた。

Jさんは緊張して、鼓動が耳元で大きく響き始めるのを自覚していた。

何者かが、幕の向こうにいる。足音が止まった。

「おうい！」

男の低い声がした。ツェルトのジッパーを開ければ、目の前にいるはずだ。Jさんは固唾《かたず》を呑みながら小型の懐中電灯を点けた。

「おうい！」

また呼びかけてくる。若い男の声ではない。いなくなって欲しかったが、男の声は何度も呼びかけてきた。このまま無視していても、埒が明かないだろう。

(悪い奴だったら、一か八か、ちょっと脅かしてやるか)

Jさんはいざというときに備えて覚悟を決めると、リュックから折り畳み式の小型ナイフを取り出して、ズボンのポケットに忍ばせた。いきなりジッパーを開ける。

すかさず懐中電灯の光線を外に向けると――。

野良着を着た男の姿が、濃厚な闇の中に浮かび上がった。長靴を履き、手拭いを首から提げて立っている。麦わら帽子を被っていて、七十歳くらいに見えた。

農家の老人らしい。ただし、灯りを持っていなかった。

(何だ、この人は？　農家の爺さんが、何でこんな所に？)

Jさんは少し安堵しながらも、不審に思わずにはいられなかった。

「おまえさん、ここで何してるんだ？」

老人がJさんを見下ろしながら言う。

Jさんが返答に窮して黙っていると、

「おまえさん、ここで何してるんだ？」

老人は同じ言葉を繰り返した。

「いや……あのう、その……縦断しようと、思いまして、樹海を……」

Jさんはしどろもどろになりながらも、懸命に説明しようとした。

「はあん？」

老人が小首を傾げてみせた。それから何のつもりか、俯いて身を屈めた。紐が付いた大きな籠を背負っている。六つ目編みと呼ばれる、隙間が多く空いた竹籠だ。その中に入っていたものが丸見えになる――。

　Ｊさんは息を呑んだ。

籠の中に人間の顔が見えたのである。大人の男女の生首が五、六個も詰め込まれていた。

「うわあああっ！」

何秒か遅れて、Ｊさんは悲鳴を上げた。すぐには声が出なかったのだ。

しかし、老人はそれを完全に無視して、

「おう、おまえさん」

身を屈めたまま顔を上げた。無表情な顔をずいと、こちらに近づけてくる。

「死ぬつもりでここに来たわけじゃないんだな？」

「えっ？　ええ。はい……」

「死ぬ気がないんだったら、こんな所には来ちゃ駄目だぞ」

「あ、はい……」

「ここは死ぬ奴が来る場所だ。さっさと出ていきな」

　老人は落ち着いた口調でそう言うと、立ち上がって背を向けた。Ｊさんが手にした懐中電灯の光がその後ろ姿に当たって、背負い籠に入った生首を再び照らす。老人は灯りを持たないまま、真っ暗な森の奥へと進み、闇の中に姿を消した。じきにその足音も途絶えた。

(今の、何だったんだろう？　籠に入っていたのは、確かに人間の生首だったよな)

一番上にあった男の生首が最もよく見えたのだが、目も口も閉じていた。腐敗はしていないようで、肌は青白く、臭いもなかった。血は付着しておらず、頭髪も乱れていなくて、葬儀の際に整えられたような安らかな顔をしていた。ほかの生首も腐敗したり、汚れたりはしていないようであった。

(それにしても、あの爺さん、こんなに真っ暗な所で、灯りも持たずにどこへ行ったんだ？)

前述したように、樹海の中は昼間でも非常に歩き難い。夜間に歩き回るのは極めて困難であり、ましてや灯りがなければ絶対に不可能といえる。

Jさんは生首もそうだが、あの老人がより恐るべき存在に思えてきた。その夜は一睡もできなかった。

第二日目。

Jさんは夜が明けるとコースを変えて、できるだけ早く、夕方になる前に樹海から抜け出すことにした。老人が口にした「さっさと出ていきな」という言葉が気になって、もう一泊するのは絶対に嫌だったという。日程は短縮したが、樹海の縦断には一応、成功したそうである。

ヤマビルの巣

群馬県東部の測量設計事務所で働く男性Bさんは、空家調査を市から依頼されて、よく地元の山へ行く。山奥に人が住んでいる家がどれほど残っているのか、空家がどれだけ増えているのかを調べるのだ。草に埋もれかけた道へ踏み込むことも多い。ツキノワグマやニホンイノシシも生息しているので、必ず熊除けの鈴を携《たずさ》えて二人一組で行動する。

その日も山岳地帯へ、年下の相棒と車で向かった。

舗装されていない細い砂利道を、車で入れる所まで進み、途中から降りて歩くことになった。そんな場所でも、ごく稀に人が住む家があるという。だが、この道の先は藪になっていて、下草が生い茂り、進むのは難儀に思われた。家もなさそうである。

けれども、引き返そうとしたときに藪の中からエンジンの音が聞こえてきた。やがて老人が乗った、古びた五十CCバイクが、木々を避けながら現れた。

まさかバイクが出てくるとは思わなかったので、Bさんと相棒は慌てたが、この地域の住人かと思い、辛《かろ》うじて会釈をした。老人もこんな所で人に会うとは思っていなかったようで、「おっ」と驚いた声を発したものの、擦れ違いざまに、

「この先、道も家もないよう！」

大声でそう告げると、バイクで走り去った。ヘルメットを被っておらず、真っ白な短髪が見える。灰色のジャンパーを着て、灰色のズボンに、黒い半長靴を履いていた。

とはいえ、道が悪いので、バイクは歩けば追いつく程度の速度しか出ていなかった。

「それなら、ハア、いいやいね」

「はい。引っ返しましょう」

二人は車へ引き返すと、エンジンを掛けて坂道を下っていった。だいぶ走ったが、老人はどこにもいない。何もない砂利道が一本、どこまでも続いているだけである。途中に家や脇道はない。五十ＣＣバイクでは速く走れず、車のほうが速いはずなのに、なぜか追いつけなかった。そういえば、老人が藪の中から出てきたことも不思議である。

Ｂさんが訝しく思いながら車を運転していると、相棒が左手を指差して叫んだ。

「あっ、あれは！」

「どうした？」

「バイクがひっくり返っています！」

Ｂさんは車を停めた。二人とも車から降り、砂利道を少し歩いて引き返すと、左手の木立の中にバイクが一台、転がっているのが見えた。来るときには気づかなかったものだ。

二人は木立の中に足を踏み入れた。繁茂した下草に埋もれかけているが、確かに五十CCバイクである。先程の老人が乗っていたものと、同じ車種であろう。

しかし、二人が四方を見回しても、老人の姿はどこにもなかった。木の上にもいない。それにバイクは錆だらけで、廃棄されてから何年も経っているように見えた。変だな、と二人は首を捻ってから車へ戻り、会社まで引き揚げた。

夕方、仕事を終えて私服に着替えているときに、Bさんと相棒は異状に気づいた。どちらも両足に四、五匹ずつ、ヤマビルがたかっていたのである。

靴下を履いていたのに、その上から食いつかれていた。通常なら靴下を履いていれば、ヤマビルでも簡単には食いつくことができないのだが、このときばかりは違っていた。靴下に覆われていない膝の下辺りも食いつかれていたという。

以前からヤマビルの怖さを知っていたBさんは、アルコールスプレーをかけてヤマビルが自然と剥がれ落ちるようにさせたが、相棒は驚いて次々に手で引き剥がしていった。

「あっ！　よせっ！」

Bさんが制止したときには既に遅かった。

ヤマビルは角のないナメクジのような姿をしていて、口にある三つの顎で獣や人間の皮膚を食い破り、血液を吸う。強引に引き剥がすと、傷口が広がってしまうのだ。

Bさんも相棒も両足から鮮血が噴き出してきたが、とくに相棒はひどかった。

怒った相棒は、ヤマビルを一ヶ所にまとめて踏み潰そうとしたものの、ゴムのような弾力があって、なかなか潰れない。何度も踏み続けると、ようやく潰れて、吸っていた大量の鮮血が噴出した。それでもまだヤマビルの頭部は生きていて、透明な皮ばかりになった身体を引き摺って逃げようとする。そこでまた何度か踏んで、やっと殺すことができた。

なお、ヤマビルは血液の凝固を妨げるヒルジンという物質を獲物に注入している。それに麻酔の効果があるため、血を吸われてもなかなか気づかないのだ。おかげで二人とも長いこと出血が止まらなかった。痛みよりも、激しい痒みが翌日まで続いたという。

後日、Bさんと相棒はこんな話をした。

「あの爺さんとバイクって、何だったんでしょうね?」

「わからねえ。それも不思議だし、靴下の上からヤマビルに食われたのも初めてだったな」

「ヤマビルがくっついてきたのって、バイクを見に行ったときだったんですかね?」

「そうだいなぁ。森の中に入ったのは、あのときだけだったものな……。あの爺さんとバイクに、ヤマビルの巣まで誘導されてたのかもしれねえぞ」

理不尽なできごと

今から四十五、六年前、岡山県在住の男性Iさんが小学三、四年生の頃の話だという。

Iさんの家は郊外にあり、当時はまだ土葬の習慣が残っていた。舗装されていない通学路の脇に墓地があった。

夏の学校帰りのこと。大きな黒い蝶が、路肩に咲いているヤマユリの白い花に飛来した。おそらくカラスアゲハか、もしくはミヤマカラスアゲハだったのであろう。黒地の翅《はね》に、鮮やかなエメラルドグリーンやサフィアブルーの鱗粉が散りばめられている。

（綺麗《きれえ》な蝶々じゃなあ！）

欲しくなって、Iさんは被っていた野球帽を手に取った。網の代わりにして捕まえようと、花と蝶に近づく。蝶は宝石のように輝く翅を開閉させながら、長いストロー状の口を花に差し込んで、蜜を吸っていた。

（捕れる！）

と、確信して帽子を被せようとしたが、わずかに早く蝶は飛び立った。

「あっ、待《ま》ちょうてぇ！」

Iさんは路肩のほうへ飛び去る蝶を夢中で追いかけた。そこに墓地があることはうっかり失念していた。路肩の地面を踏んだ途端、足が地中にめり込んで転びそうになる。土ごと朽ちた棺を踏み抜いてしまったのだ。

強烈な悪臭が立ち昇ってくる。土中に何やら緑色の物体がちらりと見えた。それが遺体の一部だったのか、別の何かだったのかはわからない。

次の瞬間、青い火の玉が舞い上がってきた。Iさんは驚いて後退りした。

火の玉はゆらゆらと、三メートルほどの高さまで上昇して、西の方角へ移動を始めた。そちらに同級生のS代が住む家がある。暑い日だったので玄関の戸が開けられていた。火の玉はそこから家の中に入ってゆく。

家の中から、女のけたたましい悲鳴が聞こえてきた。

Iさんは怖気立ち、地面の穴はそのままにして、一散に自宅まで逃げ帰った。家に着いてからも身体の震えが止まらず、夜になってもよく眠れなかったという。

その夜、S代の母親が死亡した。それまでどこも悪いところがなかったのに、「火の玉を見《み》ゆうた《た》！」と言ったあと、急に倒れてそのまま逝ってしまったらしい。

なぜ棺を踏み抜いて墓を破壊した自分は無事で、何の関係もないS代の母親が亡くなったのか？　Iさんは後年になって、理不尽なできごとだったな、と思ったそうである。

コガネグモの逆襲

四十代の男性Kさんは、自宅の庭でガーデニングを楽しんでいる。夏の休日。彼が草花の手入れをしていると、庭の隅に生えている桜の木から、褐色の翅を躍らせて蝉《せみ》が飛び立った。アブラゼミだ。

同じ木の枝に大きな蜘蛛《くも》が網状の巣を張っていた。頭胸部は灰色で、腹部は鮮やかな黄色と黒の虎斑模様が美しい。

雌のコガネグモである。

蝉はその巣に飛び込んでしまった。脱出しようと必死にもがくが、かえって網が絡みつく。コガネグモが蝉に近づき、尻から糸を出しながら蝉の周囲を独楽のごとく回り始めた。糸の帯で縛り上げているのだ。蝉の動きが鈍くなる。蜘蛛の餌食になるのは時間の問題かと思われた。

(蝉がかわいそうだな)

Kさんは手にしていたシャベルで蜘蛛の巣を破壊した。地面に落下した蜘蛛が慌てて逃げてゆく。Kさんは糸に巻かれてうっすらと白くなった蝉を手に取って、丁寧に糸を取り除いてやった。

「もう捕まるなよ」

放してやると、蝉は夏の青空へ飛び立っていった。

（ちょっといいことをしたなぁ！）

Kさんは気分が良かったという。


その夜、Kさんがベッドで眠っていると、深夜にふと目が覚めた。また眠ろうとするのだが、暑くてなかなか眠れない。

やがて卒然と、顔の上を何かが這い始めた。数多くの脚が、肌に触れる感触——Kさんはびっくりして手で払いのけた。

寝室の電灯は豆球だけが点いていて、室内はオレンジ色の光に包まれている。枕元に目を凝らすと、大きな蜘蛛が這っているのが見えた。

「こん畜生！」

Kさんは蜘蛛を掴んで握り潰そうとした。

だが、確かに捕らえたはずなのに、手応えがない。

握った掌を開いてみると、蜘蛛の姿はなくなっていた。

（おかしいな……）

また顔の上を這われては敵わない。電灯を点けて枕元のみならず、ベッドの周辺を隈なく探したが、どこにもいなかった。

（何て不思議な！　どこへ消えたんだろう？）


その後、蜘蛛は頻繁に現れるようになった。庭木に巣を作っていたものと同じ種の、コガネグモである。庭木に目をやると、かつて張られていた巣が見当たらなかった。

（じゃあ、あの蜘蛛が仕返しに来ているのかな？）

蜘蛛は寝室だけでなく、居間や風呂場にも現れた。いつも捕まえて握り潰そうとするのだが、その度に姿が消えてしまう。Kさんは妻と死別して、一戸建ての家に独りで住んでいるので、他者に確認してもらうことがなかなかできずにいた。

しかし、じきに蜘蛛は自宅だけでなく、職場や外出先など、場所を問わずに出没するようになった。殺そうとしたり、近くにいる部下や同僚に見せようとしたりすると、その前に姿を消してしまう。

コガネグモは雌の体長が二十五ミリほどだが、八本の長い脚を広げた姿は遥かに大きく見える。雄の体長は五、六ミリほどで、大きな個体はすべて雌である。

鹿児島県姶良市加治木町《あいらしかじきちょう》では「蜘蛛合戦」と呼ばれる伝統行事が行われている。これは各出場者が雌のコガネグモを一定期間、飼育して強く育て上げ、女子格闘技のごとく蜘蛛同士を戦わせるものだ。つまり、地域によっては人々に親しまれてきた蜘蛛なのだが、Kさんはその姿を見ると、激しい嫌悪を覚えるようになった。

一日に何度か、八本脚を広げた虎斑模様が脳裏に浮かぶ。それが気になって仕事で失敗することもあれば、熟睡できない夜もあって、日毎に疲労が蓄積していったという。

(これはいかん。美味いものでも食べて、気分転換をしよう)

ある晩、Kさんは独りで鮨屋《すしや》へ行った。

マグロの中トロを口に入れて、咀嚼《そしゃく》していると――。

口の中に硬いものが当たる。鮨に異物が混入しているらしい。

(ううっ！　何だ、これはっ⁉)

ひどい不快感に耐えられず、カウンターに吐き出してしまう。見れば、ばらばらに崩れた蜘蛛の死骸であった。

「うわあああっ！」

Kさんは椅子から飛び上がった。

「どうかなさいましたか？」

何事かと、若い男性店員が駆け寄ってくる。

「あ、あ、あれを……！　く、く、蜘蛛！　く、蜘蛛が……！」

蜘蛛の死骸を指差す。ところが、カウンターの上にはKさんが吐き出した、醜悪な鮨の残骸が散乱しているのみであった。

店員が訝しげな顔をする。ほかの客たちも迷惑そうに眉を顰《ひそ》めてこちらに視線を送っていた。ばつが悪くなったKさんは慌てて会計を済ませると、非礼を詫びて店を出た。既に食欲は失せてしまっていた。


それを最後に、コガネグモが突然現れることはなくなった。それでも、Kさんは食事中に時折、口の中に異物が混入した感触を覚えることがある。そのせいで何を食べてもまずく感じるようになってしまった。

逆に食欲を感じるようになったものが二つある。一つはコオロギ、イナゴ、タガメ、蝉の幼虫などを乾燥させたり、炒めたりした昆虫食、もう一つは人間の子供だという。十歳未満の少年少女を見ると、片っ端から襲いかかって噛みつき、血肉を食らいたくなる。

人間の子供を襲うことは理性が働いて、何とか感情と食欲を抑えているが、この先どうなるのかわからず、不安で仕方がないそうだ。

黄金の蛇

三十代の女性Wさんは、乳児の頃から蛇に好かれていた。両親や祖父母が彼女を抱いて庭へ出ると、必ず大きなアオダイショウやシマヘビが姿を現す。攻撃を仕掛けてくることはなく、近くの地面や庭木の上で静かに日光浴をしていることが多かった。Wさんの家は田畑に囲まれた古い農家なので、ネズミが出ることがある。蛇はそれを食べてくれるので、両親や祖父母は蛇を殺傷したり、追い払ったりしないようにしていたらしい。

夏の昼下がり、家中の窓を開け放っていたところ、乳児用の柵に囲まれたベッドで寝ていたWさんが、急に泣き出したことがあった。

母親が駆けつけてみると、柵の下に黄金色の大きな蛇がいて、子猫ほどもあるドブネズミに巻きついている。胴をぐるぐると巻かれ、強い力で絞めつけられたネズミはたちまち窒息死した。蛇はそれを頭から呑み込んでゆく。

「ひゃっ……」

母親は立ち竦み、目の前で展開される壮絶な光景を見守ることしかできなかった。

Wさんは泣きやんで、静かに眠り始めた。

ドブネズミを丸呑みにした蛇は、悠々と畳の上を這って、縁側から庭へ出ていった。ドブネズミは外来種で都市部に多いが、郊外にも侵出している。また、攻撃的な個体がいて、稀に乳児を襲い、傷を負わせることがある。どうやらWさんも狙われていたらしい。そこへ黄金の蛇がどこからか現れて、助けてくれたのではないか、と母親は考えた。

と、これはWさんが小学校高学年になった頃、母親から聞かされた話なのだという。

黄金の蛇はそれきり姿を見せることはなかった。日本本土のことであり、二メートルを超える大蛇だったそうなので、おそらくアオダイショウのアルビノだったのであろう。

Wさんはその後も、家の周辺で蛇と出会うことが多かった。それで、

(私、蛇に守られているんだろうな)

日頃から何となく、そう感じていた。

しかし、大人になると、農村の実家を離れて都会暮らしを始めたことから、蛇と出会う機会がなくなった。

二十五歳のときにWさんは職場の先輩だった男性と結婚したのだが、一年後に息子を出産したあと、激しい腹痛に襲われた。

病院で検査を受けたところ、大腸に大きな腫瘍ができていることがわかった。だが、そ

の夜、自宅で眠っていたWさんは夢を見た。

夢の中に黄金の大蛇が現れ、

「祀るなら生かす。祀らなければ殺す」

と、言ったそうだ。

後日、病院で再検査を受けて、医師に写真を見せてもらったところ、大腸にできた腫瘍はとぐろを巻いた蛇の形をしていることがわかった。悪性腫瘍、つまり癌なので、医師からはできるだけ早く手術で切除することを勧められた。

けれども、Wさんは夢に出てきた黄金の大蛇の言葉を思い出して、癌の切除を拒否した。代わりに日焼けサロンに通い始め、全身を小麦色に焼くと、大きな刺青《タトゥー》を下腹部に入れた。黄金の蛇がとぐろを巻いて真っ赤な舌を出した姿を濃紺の縁取りで描いたものである。肌を黒くしたのは、黄金色が目立つようにするためであった。

それ以来、Wさんが腹痛に悩まされることはなくなった。十年経った今も、癌は放置したままだが、病院へ通うこともなく、夫と息子と三人で元気に暮らしている。

ただし、腹の中の蛇が無性に肉を欲するので、米や野菜や果物など、植物質のものは一切食べられなくなった。水分は摂るが、食事は週に一、二食だけ、大量の生肉や生卵、生の魚介類をまとめて丸呑みにしているという。

星の王子さまとUMA

Y子さんは、ある怪談本を読んでいて、〈こっくりさん〉の話が出てきたことから、

（そういえば、私も子供の頃に危ない思いをしたことがあったな）

と、思い出した。そして大人になった今、改めて考えてみると、

（ん……？　あれって、そういうことだったんじゃ……？）

関連がないものと思っていた二つのできごとが、しっくりと嵌まった気がして鳥肌が立ったという。


昔、Y子さんが暮らす大分県では、〈星の王子さま〉と呼ばれる遊びが小学生の間で流行っていた。〈こっくりさん〉とほぼ同じだが、十円玉を使う〈こっくりさん〉に対して、〈星の王子さま〉は鉛筆を二人で握る点が異なっていた。学校では禁止されていたため、放課後にY子さんの自宅や友達の家で隠れて行っていたという。

小学五年生の頃、放課後のこと。普段は大抵、Y子さんの家で遊んでいたのだが、この日は珍しく、近所の女友達H子の家で〈星の王子さま〉を行うことになった。H子は同じ

登校班の親友である。集まったのは女子四人。H子の両親は仕事に行って留守だったが、四歳年上の兄がいて、同じ二階の別室で受験勉強をしていた。

さて、鉛筆を握ったのは、Y子さんとH子である。〈星の王子さま〉は、零番から九番まで異なる王子がいる設定なので、

「今日は何番目の王子さまを呼ぼうか？」

「この前が五番だったから、今日は六番でいいんじゃない」

ということになった。

「星の王子さま、星の王子さま、六番目の星の王子さま、大分県東国東郡《ひがしくにさきぐん》××○○の二階、H子の部屋までお越し下さい。……お越しになられましたか？　お越しになられましたら、〈はい〉のほうへお回り下さい」

一から九までの数字に、『はい』と『いいえ』、そしてあいうえお順にひらがなの文字列を書き込んだ紙の上で、鉛筆がゆっくりと、『はい』の文字を回る。そこで本当に王子か、別の動物霊や邪悪な霊か、確認するのがルールであった。王子自体が悪霊か否かは、考えたこともなかったという。

「六番目の、星の王子さまですか？」

鉛筆が緩々と回り始める。『いいえ』

（まずいな）

Y子さんは泡を食って、「帰っていただけますか？」と懇願する気持ちで質問をした。

『いいえ』

何度も「帰っていただけますか？」と懇願を繰り返したが、答えは『いいえ』の一点張りである。Y子さんもH子も一緒にいた少女二人も、怯えて顔が引き攣《つ》り始めた。

それでも、手順通りに帰ってもらわないと祟りが起こる、との噂を聞いていたから、中途では絶対に手を離してはならない。次第に鉛筆を握り合っている手が汗ばんでくる。質問をするにつれて、鉛筆が『いいえ』の文字を回る速度が速くなってきた。やがてとう質問をしなくても、勝手に『いいえ』の文字を回り始めた。

Y子さんは困惑して震え上がった。頭が混乱した彼女は咄嗟に、

「あなたは誰ですか？」

と、質問していた。

すると、それまで『いいえ』の文字を回り続けていた鉛筆が、ふいと停止した。さらに、ゆっくりとほかの文字の周りを回り出す。

『つ』『ち』『の』『こ』

「つ、ち、の、こ……？　ツチノコって、あの幻の蛇のこと？」

Y子さんは児童向けのミステリー本で読んだツチノコの話を思い浮かべた。ツチノコは北海道と南西諸島を除く日本全国で目撃談があるが、生け捕りにされたり、写真に撮られたりしたことはなく、UMA（未確認動物）に含まれる。バチヘビ、ノヅチ、ツチヘビ、ツチコロビなどの地方名があり、頭は大きく、胴が極端に太くて短い。全長は三十センチほどで、胴の太さはビールの大瓶ほど、ネズミの尾に似た細い尾があるそうだ。

猛毒を持つ、空を飛ぶ、姿を見ると目が潰れる、見たことを人に話せば死ぬ、などと言い伝えられている。ツチノコという呼称は、元来、京都府などの地方名で、布を打って艶を出す作業に使われる横槌と形が似ていることから、〈槌の子〉の意味だという。

「うう……。ツチノコでもイッシーでも、何でもいいけん、早く帰ってもらわないと！」

「そうやね！　ツチノコさま、お帰り下さい！」

必死の思いで唱えたが、答えはまたしても『いいえ』であった。

「もう、やめようよう！」

「駄目っちゃ！　今、手を離したら、祟られるっちゃ！」

鉛筆を握っていない二人が横から叫ぶ。部屋の中は半狂乱の叫び声や泣き声が上がっていた。H子は恐怖のあまり涙を流し、Y子さんも顔が汗びっしょりになっていた。

と、そのとき――。

「おまえら、うるせえよっ！」

いきなり部屋のドアが勢いよく開いて、H子の兄が怒鳴り込んできた。

彼はT雄といい、当時、中学三年生であった。普段は〈優しくて、かっこいいお兄ちゃん〉なのだが、自室で受験勉強をしていたところを妨害されて、我慢ができなくなったらしい。その勢いと大声に驚愕したY子さんとH子は、我知らず鉛筆から手を離し、紙を床に落としてしまった。

「あああっ！」

「わあっ、大変！」

この遊びを終えるときにはルールがあり、絵に描いた土産を持たせて「では、×番目の星の王子さま、お帰り下さい。ありがとうございました」と唱える、星の王子さまが『はい』と答えたら、鉛筆から手を離し、紙を必ず四枚になるように手で切り裂き、ゴミ箱に捨てる、床には絶対に落としてはならない、とされていた。

T雄は呆れた顔をして、意に介さず、すぐに自室へ引き揚げていった。Y子さんたち四人は、しばし茫然自失の態となった。緊迫した状況から解放された安堵感と、大失敗を犯してしまった、という動揺の両方からである。

五分近く経って、ようやくH子が動き出した。床に落ちていた紙を拾い上げると、無言で四分割に破ってゴミ箱に捨てる。

「大丈夫かな……？　あたし、祟られる……？」

H子は泣き出していた。

「祟られるなら、ここにいた全員やろ！」

Y子さんはそう言葉をかけて、H子の肩を擦《さす》った。だが、励ましにも慰めにもならないことは明らかであった。H子がどうにか泣きやむと、Y子さんたちは気まずい雰囲気を残したまま、部屋を出て家路に就いた。

その後、四人はツチノコの祟りに怯えながら毎日を送ることになった。田舎に住んでいたので、登下校の際にツチノコが路肩に広がる草むらから飛び出してくるのではないか、逃げても空を飛んで追いかけてくるのではないか、嚙みつかれたが最後、猛毒が全身に回って即死するのではないか、などと悪いことばかり想像してしまう。学校から帰ると外出できず、自宅で過ごすことが多くなった。

とはいえ、半年ほど経過しても何も起こらないと、次第に気にならなくなったという。Y子さんは徐々にツチノコへの畏怖《いふ》の念を忘れて、以前と変わることなく遊び回るようになった。〈星の王子さま〉の一件から約一年後、小学六年生になったY子さんは、H子の家に一人で遊びに行った。

彼女の家は玄関からではなく、台所の勝手口から入ることになっていた。そのためには玄関の前を通って、門のない庭に入り、奥まで回り込まなければならない。

この日も勝手口へ向かおうとすると、庭の隅に植えられているグミの木の前に屈み込む者がいた。学生服を着ており、短髪で肩幅の広い後ろ姿——高校一年生になっていた、H子の兄のT雄であろう。Y子さんは「こんにちは」と声をかけようとしたが、ただならぬ気配を感じて、思い留《とど》まった。

（T雄君、グミの実でも食べよるんかな？）

T雄は両手に何かを掴んで、口元に押しつけていた。夢中のようでY子さんに気づいていない。それでY子さんも声をかけず、彼の背後を黙って通り過ぎようとした。

ところが、まさに通過しようとしたそのとき、Y子さんはT雄が何を食べているのか、背後から覗いてしまった。

T雄が両手で鷲掴みにして一心不乱に食べていたものは、真っ黒な土であった。

（T雄君、土食べてる！）

Y子さんは仰天した。T雄がどんな表情をしているのか、死角になっていて確認することはできなかった。そこを通り抜けると、勝手口の戸を開けてH子に声をかけた。H子が二階から下りてきたが、見てはいけないものを見てしまった気がして、Y子さんはこのことを話さなかったという。遊び終えて帰るときにグミの木の前を通ると、T雄の姿はなく、地面にスコップが転がっていて、直径と深さがともに三十センチほどの穴が開いていた。

（まちがいない！　本当に土を食べよったんや！）

T雄は、小学校時代には学級委員や登校班の班長を任され、中学校時代には生徒会長と野球部の四番打者で主将も務めていた。Y子さんは彼のことを〈たくましくて頼りになる、しっかりしたお兄ちゃん〉だと思っていたので、大きな衝撃を受けたという。

Y子さんはそれからも何度かH子の家に行ったが、いつも庭に無数の穴が掘られている。穴の数が行く度に増えるので、嫌でも目につく。

T雄は学校を休み続けているらしく、ぼんやりと庭の隅に突っ立っていたこともあった。泥だらけのジャージー姿で、挨拶をしても黙っている。近づくと、急に目を怪しく光らせながら、下卑た大声で笑い出す。口からは涎を垂らしていた。

Y子さんはT雄と出くわすのが嫌で、H子の家に行くのを控えるようになった。加えて中学生になると、H子とはクラスも部活動も違ったことから疎遠になっていった。

中学二年生の頃、Y子さんは母親からこんな話を聞いたそうだ。

「Yちゃん、T雄君って覚えちょる？　勉強も運動も凄くできる優等生やったのに、高校へ行ったら精神がおかしくなっちゃったんだって。学校を中退して家に引き籠もっちょったんやけど、暴れるようになったので、今じゃあ、精神病院に入院しちょるそうよ」

当時の話はこれだけなのだが、近年になってＹ子さんは思い至ったことがある。

（あのときのツチノコって、もしかしたら、ＵＭＡのことじゃなくて、〈土の子供〉って意味だったのかな？）

ということだ。

〈星の王子さま〉を行ったことで、得体の知れない邪悪な霊を呼んでしまい、それが自分たちではなく、Ｔ雄にとり憑いたのではないか、と考えるようになった。

Ｔ雄はのちに精神障害者向けの施設に入所し、四十代後半となった現在も精神に異常を来したままで、終生、施設から出所することは難しい、といわれているらしい。

（あのとき、私たちが〈星の王子さま〉さえしなければ……）

思い出す度に、Ｙ子さんはもやもやした後悔の念を抱き、

（私はとり憑かれなくて、本当に良かった）

とも考える。

そして、そんな自分の身勝手さを恥じて、自己嫌悪に陥ることもあるそうだ。

ヒヒヒ鳥

高橋幸良さんは、群馬県で唯一のプロ人形劇団〈人形劇工房　やまねこ座〉の座長である。大学時代から群馬県に住んでいるが、出身は香川県観音寺市で、高校を卒業するまでは長閑《のどか》な海辺の町で暮らしていた。庭木にはよくタマムシが飛来したという。

高橋さんが中学一年生だった、秋の夜のこと。当時は部活動で剣道部に入っていた。その日の稽古を終えて自転車に乗り、帰路に就いた。既に日が暮れている。夜道を走るのは、思春期の中学生にとっては少し怖い。自宅まであと百メートルほどの場所に街灯が立っている。そこは明るいので安心できる場所であった。

だが、近づくと、街灯の下に何やら大きなものが佇んでいる。

それは全身が墨色をした巨大な鳥であった。頭から足の先までが、一五〇センチはありそうに見える。

（うっ！　何じゃろか、あの鳥は？）

高橋さんは思わずブレーキを掛けて自転車を停めた。鳥までの距離は十メートルほどあったろうか。褐色の太くて長い嘴《くちばし》がある。

(あなな鳥《あんな》、初めて見たがい《見たぞ》)

今にして思えば、ハシビロコウに似ていたという。ハシビロコウはアフリカに生息するペリカン目の鳥で、近年、動物園で飼育展示されて人気がある。東京都恩賜《おんし》上野動物園では、毎日観察に訪れるマニアがいるほどだ。ただし、当時の高橋さんは、ハシビロコウという鳥がいることさえ知らなかった。

(おっきょ過ぎろが《大き過ぎるよ》……)

高橋さんが自転車に跨がったまま見つめていると、鳥は左右の翼を広げた。

しかし、鳥は宙に舞い上がることなく、翼を小刻みに羽ばたかせた。そして――。

(飛ぶんじゃろか?)

ヒヒヒヒヒッ、ヒヒヒヒヒッ、ヒィヒヒヒヒッ!

と、高笑いを思わせる奇妙な鳴き声を発し始めた。

そのまま翼を広げた格好で、こちらに走ってくる。

「うわっ!」

攻撃される、と思った高橋さんは、咄嗟に自転車ごと斜め横へ移動し、直撃を避けようとした。

ヒヒヒヒヒッ、ヒヒヒヒヒッ、ヒィヒヒヒヒッ!

鳥は依然として奇声を発しながら、高橋さんの真横を通過していった。襲ってくることはなく、そのまま暗闇へ向かって駆け続けてゆき、姿を消した。

(何ちゅう鳥やろか？　今まで見たことない鳥やったな！)

高橋さんは鳥が引き返してきたら大変だ、と思い、急いで家に帰った。

このできごとは家族や学友たちに話したものの、「そんな鳥、知らんなぁ」「鳥のお化けでも見たんかい」などと言われるばかりで、誰も信じてくれなかったという。

高橋さんは学校の図書館で鳥類図鑑を見て調べたが、日本国内に該当する野鳥は生息していないらしい。また、外国産の大きな鳥が迷って飛来したり、捨てられたり、脱走したりすれば、町中が大騒ぎになっているはずなのに、そんな話は聞いたことがなかった。そこで高橋さんは、あの鳥のことをＵＭＡ（未確認動物）と考え、独特の鳴き声にちなんで、

〈ヒヒヒ鳥〉

と、呼ぶことにした。

その後、高橋さんは長年にわたって、〈ヒヒヒ鳥〉と遭遇することはなく、既に忘れかけていた。ところが、三年前の夕方、高崎市内を流れる川沿いの土手の上をウオーキングしていたときに、川岸に佇む巨大な鳥を見かけた。

その鳥は頭のてっぺんから足の先までの体高が三メートル以上もあった。近くに生えているヤナギの若木が高さ三メートルあまりあるのだが、それと同じくらいの高さがある。

（あんなにでっかい鳥がいるなんて！）

しかも、高橋さんは中学生の頃に一度だけ、大きさは異なるが、そっくりな鳥と遭遇していたことを思い出した。

（〈ヒヒヒ鳥〉じゃないか！）

とはいえ、最初に目撃したのは香川県観音寺市大野原町で、二度目に目撃したのは遠く離れた内陸の群馬県高崎市である。おまけに五十年弱の歳月が経っているのだ。さらに、現存する世界最大の鳥はダチョウで、体高は大きなものでも二メートル五十センチほどである。体高が三メートルを優に超える鳥など、現在、地球上のどこにも存在しない。

（そうだ。写真を撮ろう）

高橋さんは、上着のポケットに入れていたスマートフォンを取り出そうと、ほんの一瞬、〈ヒヒヒ鳥〉から目を逸らした。そして再び川岸に目をやると——。

〈ヒヒヒ鳥〉はいなくなっていた。飛び立ったわけではなく、足音も立てず、消えたとしか思えない状況であった。

一番鶏

女性Sさんが、大学の学友だったOさんからキャンパスで聞いた話だという。

Oさんはマンションの一階に両親や弟と同居していて、彼女の部屋は道路沿いの窓際にある。秋の夜、Oさんは徹夜でレポートを書いていた。未明の午前三時頃のことである。

トオーックク、テエエエー！　テエエエー！

近所で飼われている一番鶏が鳴き始めた。

(ああ、鶏って、こんなに早い時間から鳴くんだなぁ)

Oさんの部屋は机を置いた位置から見て、左手に窓がある。その向こうは道路であった。

後方から、道路を歩く靴音が響いてくる。

(ああ、こんなに早い時間から仕事に行くのかな？　社会人は大変ね)

そんなことを考えていると、通過していった靴音が引き返してきた。

(あら、忘れ物かな？)

数分が経つと、また靴音が後方から聞こえてきて、すぐに引き返してくる。それが何度も繰り返された。

大勢の人間が活動している時間帯ではない。同じ人物が行き来しているように思えてきた。その上、次第に行きつ戻りつする時間の間隔が狭まってきている。

Oさんの部屋を軸として、行き来を繰り返しているらしい。

(何で……?)

足音はまだ聞こえ続けている。どんな人間がやっているのか、顔を見てやりたい気もしてきたが、カーテンを捲ろうとしたとき、肩口から首筋に掛けて、ぶるぶるっ、と寒気を覚えた。嫌な予感がする。浮き足立って、外を見ることなくベッドへ向かうと、頭から布団を被って寝てしまった。

そんなことが、一番鶏が鳴く時間に二日続けて起きているという。


「それ、痴漢の予備軍か、ストーカーなんじゃないの?」

Sさんの言葉に、Oさんはぽかんと口を開けた。思いも寄らぬことだったらしい。

「そ、そうなのかなあ⁉　お化けだったらどうしよう、と思っていたんだけど……」

Oさんにはこのように、些《いささ》か呑気なところがある。Sさんはそれが面白くて、彼女のことを気に入っていた。もしも悪漢に狙われているなら、力になってあげたいと考えた。

「もしもまた足音が同じように聞こえてきたら、録音して、相手の顔も写真に撮ってやったほうがいいよ。証拠があれば、警察も相談に乗ってくれるかもしれないからね」

「そうかあ……。じゃあ、カーテンを開けて、窓も開けないといけないのよね？」

「そうねえ。ちゃんとした写真を撮るなら、窓も開けたほうがいいわよね」

「相手に見つからない？」

「見つからないようにカーテンを少しだけ開けて、窓も静かに開ければ、大丈夫なんじゃない？」

「わかった。また来たら、やってみるよ！」

ところが、それからOさんは学校に来なくなってしまった。一週間経っても登校してこないので、Sさんが心配してLINE《ライン》から電話をかけてみると、体調が優れず、自宅で寝ているのだという。

「……あれからも、毎朝来てるのよ、あの足音が……」

弱々しい声であった。

「やっぱり、ストーカーだったの？」

「ううん。あれは……痴漢でもストーカーでもなかったの」

「じゃあ、何だったの？」

「人間でも、動物でもないものだったわ……。この世にいないはずのもの……」

「えっ？　それって、何なのよ？」

「写真を撮ったから、今から送るね」

ＬＩＮＥに写真が送られてきた。

夜道にパジャマ姿のＯさん自身が立っていて、こちらを向いている。しかし、顔や頭が傷だらけで虚《うつ》ろな目をしており、首が直角にひん曲がっていた。

「これ、どういうこと……？」

Ｓさんが驚いて問いかけると、Ｏさんの声音が完全に変わった。

「コウナッタノハアッ！　コウナッタノハアアア、アンタノセイダヨウウウ！」

耳障りな大声が木霊《こだま》する。

Ｓさんは我慢できずにスマートフォンから耳を離した。まともに聞いていたら頭がおかしくなりそうな甲高い声であった。日頃のおとなしいＯさんの声ではない。

「トオーツク、テエエエエー！」

最後はＯさんの声ではなく、鶏の鳴き声が聞こえた。

「……どう、した、のよ？」

少し間を置いて聞き返すと、通話は一方的に切られていた。もう一度、電話をかけても

Oさんは出ない。Sさんは心配になったものの、どうすることもできないので、ひとまず様子を見ることにした。

だが、Oさんはその直後に、自宅があるマンションの最上階から飛び降りて自殺してしまったのだ。


Sさんは告別式に参列し、後日、Oさんの自宅にも線香を上げに行ったが、母親は、

「どうしてこんなことになったのか、あたしたちもわからないんです」

と、泣くばかりであった。

自殺を遂げたのが昼間だったので、複数の目撃者がいて、事件性はないそうである。

LINEに送られてきた写真だが、Sさんは破棄した覚えがないのに、いつの間にか消えてなくなっていた。

Sさんにとっては、良かれと思って行った助言が自殺の原因となってしまったのかもしれないと、今でも後悔している。そんな苦々しい思い出だという。

亀に化かされた作家

私の家には現在、二十六頭の亀がいる。そのうちの二十三頭は中国産のセマルハコガメだ。二組の雌雄から繁殖させた個体が十九頭いる。あとは二頭がクサガメ、一頭がウンキュウと呼ばれるニホンイシガメとクサガメの雑種である。

セマルハコガメは天然記念物の日本産（沖縄県の石垣島、西表島に生息）ではなく、中国産が昔はよく販売されていた。だが、二〇〇〇年にすべてのハコガメ類がワシントン条約附属書Ⅱに掲載されたことで野生の個体は出回らなくなり、今ではブリードものを扱う専門店を除けば、ペットショップで目にすることはほとんどない。

ハコガメとは〈箱になる亀〉のことで、敵に襲われると、首や四肢、尾を引っ込めるだけでなく、腹甲（甲羅の腹側）が蝶番《ちょうつがい》のごとく可動して、完全に首や四肢、尾を覆ってしまう。〈蓋を閉めた箱〉さながらの状態であり、鉄壁の防御といってよいだろう。

しかし、敵がいない飼育下では、〈箱になる〉ことは滅多にない。ましてや我が家で生まれ育った子亀たちは、私や妻のことをまったく警戒していない。餌をくれたり、水を替えたりしてくれる万能の神か、あるいは忠実な召し使いのどちらかだと思っているらしい。

したがって、〈箱にならない〉異端のハコガメばかりである。

そんなセマルハコガメの一頭に関する話をしてみたい。

亀は日光浴を十分にさせないと丈夫に育たず、病気に罹りやすくなる。我が家は集合住宅なので、日光浴をさせるにはベランダに出すしかない。ただし、亀の数に対してベランダはさほど広くないので、一、二時間おきに飼育ケースごと交替させている。

秋のその日も、午前中から夕方近くまで日光浴をさせていた。最終の組を〈亀部屋〉に仕舞ったとき、私は異変に気づいた。先に室内に戻していた組の一頭が、飼育ケースの中から消えていたのだ。

（大変だ！　どこへ行ったんだろう？）

我が家では亀の飼育にプラスチック製の衣装ケースか、工具用のコンテナボックスを使っている。大きくて底面積があり、値段が安く、軽くて掃除がしやすいからだ。

亀は重い甲羅を背負っているため、敏捷に動くことはできないが、四肢の力が非常に強く、垂直に近い壁でも足の爪が引っ掛かれば登ることができる。また、爪が引っ掛からないプラスチックのケースでも、角の部分の上端に前足を引っ掛けることができれば、懸垂のように身体を持ち上げて脱走することがある。

それを防ぐには、頑丈な網製の蓋を取り付けるか、もしくは亀が後ろ足で立ち上がっても前足が上端に届かない、高さのあるケースを使用するしかない。我が家は後者で、個体に応じてケースの高さを変えている。だからその個体がいなくなったときは、まさかという思いであった。ただちに家の中全体を捜索する。

亀は広い範囲を意外と速く移動できるし、下駄箱の下、棚の下や裏側などに隠れる習性がある。しかし、家の中を幾ら隈なく捜しても見つからなかった。ベランダにもいない。エアコンの室外機の下に隠れているのではないか、と思ったが、そこにもいなかった。

下に落ちたのだろうか？　以前は亀が脱走しても落下しないように、ベランダにベニヤ板の囲いを取り付けてあった。けれども、年月が経つうちに風雨を浴びて、ベニヤ板が割れてきたので捨ててしまっていたのだ。

落下したとなれば、ここは高層階なので、まず助からないだろう。一階まで下りて辺り一帯の地面を捜してみたが、亡骸《なきがら》が転がっていることはなかった。

（じゃあ、どこへ行ったんだ、一体……？）

この日、妻は朝から外出していた。私は都合二時間近くも孤独な捜索を続けたものの、とうとう亀を発見することはできなかった。

ところが、暗鬱とした気持ちで自宅に戻ってきて、亀部屋に入ってみると――。

部屋の片隅に置いてあった、小さめのコンテナボックスが目に入った。それは行方不明になった亀が成長し、より大きなケースに移したので、空いていたものである。

何と、亀はその中にいた。

「なあに？」

とでも言いたげに、首を伸ばして、こちらを見上げている。

（ああ、そこにいたのか！　良かった！）

しかし、すぐに疑問が湧いてきた。このとき我が家には私しかいなかったし、亀をそのケースに入れた覚えはなかったのである。また、このコンテナボックスは手狭になったことは確かだが、高さは亀の甲長（甲羅の縦の長さ）の倍以上あり、自力で中に入ったとは思えなかった。しかも、新しく使い始めた衣装ケースはさらに高さがあるので、脱走することは絶対に不可能な状況であった。

（俺は亀に化かされたんだろうか？　それとも、何かがこの家にいるんだろうか？）

思えば我が家では、過去にも「パソコンの電源を切っているときに、起動音が鳴る事件」や「カレー粉事件」（既刊『怪談標本箱　雨鬼』の「あとがき――前世はインド人、見ただけよ！」を参照）など、たまに摩訶不思議な現象が発生している。

稀有な体験をした当の亀に、怯えている様子はなかった。彼女が物を言うことができれば、真相が解明できるのだが、円《つぶ》らな黒目でこちらを見上げているばかりであった。

ペットコーナーの闇

二十代の男性、Tさんが小学四年生の頃、日曜日のことである。彼は両親に連れられて、地元の某地方都市にあるホームセンターへ行った。両親は電化製品を吟味している。退屈になったTさんは、

「ペットコーナーへ行ってくるよ」

両親にそう告げると、一人で歩き出した。ここのペットコーナーは専門店ではないにも拘らず、充実していて、犬猫、ハムスターや小鳥のほかに、爬虫類や両生類、日本産や外国産のカブトムシやクワガタムシなどが販売されていた。Tさんは動物全般が好きなのだが、とりわけ亀が好きで、ホシガメやギリシアリクガメ、マタマタやスッポンモドキなどを眺めていると、何時間経っても飽きることがなかった。

電化製品のコーナーからペットコーナーまでは離れていて、通路沿いにはホームセンターらしく、数多くの商品が並んだ陳列棚が大きな壁のように聳《そび》え立っている。両親がいる電化製品のコーナーは大勢の買い物客でにぎわっていたが、奥まった通路は人けがなく、Tさんのほかに歩いている者はいなかった。

「T……」

突然、名前を呼ばれた。男の声である。辺りを見回したが、通路に人影はない。初めは父親の声かと思ったものの、

「T……」

第二の声を聞いたとき、一年ほど前に病没した父方の祖父の声だと気づいた。Tさんは祖父からとてもかわいがられていたし、Tさん自身も祖父のことが大好きであった。玩具を買ってもらい、カブトムシを捕りに連れていってもらった、楽しい思い出がある。祖父が急病で亡くなったときには、Tさんは涙が止まらず、号泣したという。

そのため祖父の声を聞いても、少しも怖いとは思わなかった。むしろ子供心に、

(お化けでもいい。お祖父ちゃんに会いたい)

そう思って、祖父を探し始めた。

「T」

また祖父の優しい声が響く。

「お祖父ちゃん！」

Tさんは通路の角を曲がって、声が聞こえてくるほうへ進んだ。業務用洗剤が並ぶ棚の前に出る。と、そのとき――。

足首を力強く掴まれた。足元を見ると、黒い手が床から突き出している。人間の手に似ているが、指が細長くて水掻きがある、真っ黒な手だ。蛙の前足に似ている。それがTさんの左足首を握りしめていた。

「うわっ、何だこいつは？」

Tさんが肝を冷やしたところへ、前方から、

「T」

と、祖父の声が響いた。

（おじいちゃん、助けて！）

祖父の傍《そば》へ行けば、必ず助けてくれるだろう。生前の祖父はTさんを追いかけ回した近所のやんちゃな犬を追い払ってくれたことがあった。万感の思いで左足に力を込め、黒い手を振り解いて前に駆け出そうとした、次の刹那――。

凄まじい音が轟《とどろ》き、横の棚から業務用の大きな洗剤ボトルが落下してきた。それも雪崩《なだれ》を起こしたかのように、次々に降ってくる。仕舞いにはボトルが収められていた棚そのものが前方へ、通路を塞ぐように倒れてきた。

驚きのあまり眩暈《めまい》を起こしたのか、Tさんはそれから十数秒間の記憶がない。ふと我に返ると、腰を抜かして床に尻餅をついていた。倒れた棚との距離は三十センチほどしか離

れていなかった。

　女性店員が駆けつけてくる。

「僕、大丈夫!?　怪我はしてない!?」

　女性店員は身を屈めて、Ｔさんを慰めようと、肩を優しく撫でてくれた。

「怖かったね……」

　しかし、Ｔさんは何も答えることができなかった。

　そこへ両親も到着したが、崩れ落ちた棚とボトルの山を前に、慄然とするばかりである。

　あと一歩進んでいたら、棚に押し潰されて重傷を負うか、死んでいたかもしれなかった。

　いつの間にか、祖父の声は聞こえなくなっていたという。

　Ｔさんは無傷だったが、ホームセンターの店長が出てきて、

「商品の並べ方と、棚の点検には、これまで以上に十分な注意を払いますので……」

と、平身低頭の謝罪を受けた。

　退店すると、帰路の車内で両親が口々に「本当に無事で良かったよ」と言う。

「おじいの声がしたんだよ」

「そうかい。きっと、じいちゃんがあんたを守ってくれたんだねえ」

Tさんの言葉を受けて、母親がしんみりと、そう答えた。

ところが、後年になって——。

成長したTさんがこの話を友人知人に語ったところ、話を聞いた一人から、

「棚が倒れるほうから声がしたんだよね？　それは本当にお祖父さんだったのかな？　お祖父さんの声に似せた別の何かだった、ってことはない？　そうだとしたら、殺されかけた、ってことになるよね？」

そう言われて、震え上がったそうだ。

あの日以来、祖父の声は聞いていないが、また聞いてしまったら、今度はどうすれば良いのだろうか、と不安になることが今でもあるという。

おまけに、それだけでは終わらない。

母親が事情通の知人たちから聞いてきた話によると、かのホームセンターでは、犬や猫、オウムや亀、蛙などの形をした巨大な黒い影が何度も目撃されていたらしい。それに加えて、ペットコーナーの店員が一人、自殺を遂げていた。

「この売り場、夜になると気持ち悪くて……」

と、辞めてしまう店員も多かったそうだ。

この売り場に限ったことではないが、地方都市では高価な動物を見物する客は多くても、購入する客は少ない。売れ残った動物は数多くいた。犬猫の場合は成長が早く、大きくなるほど売れなくなるので、まず値段を下げられる。それでも売れなければ店員が飼ったり、里親を探したりするが、なおも残った個体は取扱業者に引き渡される。その後は繁殖に使われるならまだましなほうで、実験動物にされるか、保健所に送られて殺処分される個体もいたらしい(現在は動物愛護管理法により禁止。代わりに引き取り業者が安く買い取り、飼育するものの、いい加減な飼育で早死にする犬猫も多いといわれる)。

また、ホシガメのように元来は密輸品からブリードされた個体や、天然記念物に指定されている八重山諸島のヤエヤマセマルハコガメと思われる個体が、悪徳業者の暗躍で入荷し、堂々と販売されていたこともある。爬虫類や両生類は飼育管理が行き届かず、長生きできない個体が多かったようだ。元々、専門店ではないだけに、飼育の知識が豊富な店員は少ない。数十年は生きる亀たちも、多くは数年で死んでいたのである。まもなくペットコーナーは大幅に業務縮小されることになり、ペット用品しか販売しなくなってしまった。

もちろん、日本全国には本当に動物が好きな人々が経営し、働いている善良なペットショップやペットコーナーも多数、存在している。しかし、これと同じようなペットショップやペットコーナーが、日本全国に数多く存在していたことも事実なのであった。

蛸の船釣り

女性Mさんが、物故した祖父のDさんから生前に聞いた話だという。

昭和三十年代。北海道の沿岸部に住んでいたDさんは、よく海へ船釣《ふなづ》りに出かけていた。さまざまな魚を釣ったが、二十九歳だった当時は新妻――Mさんの祖母――が蛸の刺身や酢漬けを好物としていたので、マダコを釣ることが多かった。

夏のある日、Dさんは早朝から仲間四名と、小さな船で沖合へ出かけた。空は青く晴れ渡り、風は爽快、波は穏やかであった。木の板に鉤《はり》と錘《おもり》を付けたテンヤと呼ばれる仕掛けに、餌の小鯵や鰯を付ける。竿を使わない手釣りである。

大きなマダコが十四釣れた。妻への土産には十分だろう。

「ぼちぼち帰るべ」

Dさんは仲間たちに声をかけた。

その直後であった。帰り支度をするうちに、天気が急変したのである。

雲を探すのが難しいほど晴れ渡っていた空が、わずか数分のうちに鉛色の雲に覆われてゆく。風が強まり、波も高くなってきた。

「あっ、時化《しけ》てきたな。急ぐべ」

そう言い終える前に、大粒の雨が降り出した。風雨は強くなる一方で、海は大荒れとなった。降り頻る雨に視界を遮られる。突然の嵐に巻き込まれてしまったのだ。しかもエンジンが故障したのか、急に停止してしまい、移動することができなくなった。

「むう……。えっらい《大変な》ことになったなぁ！」

「こったらことになるなんて《こんなことになるなんて》よぉ……」

Dさんたちはすっかり狼狽していた。落ち着こうとしても声が震えてしまう。

大波が容赦なく襲いかかってくる。小舟が煽られて、何度も転覆しそうになった。

(こりゃもう、駄目かもしれん)

Dさんは船縁《ふなべり》にしがみつき、死を覚悟した。もはや船の操縦はできない。彼らは甲板でよろけながらも、墨と筆を手にして服に名前を書こうとした。死しても早めに発見されたときは、家族に知らせが届くようにするためである。しかし、大雨と甲板に打ち寄せる波飛沫により、墨が流されてしまい、なかなか字を書くことができなかった。

そのうちに小舟が大波を乗り越え、はたと独りでに動き出した。Dさんは船縁にしがみついたまま、どうしたのかな、と海面を覗き込んだ。

すると——。

巨大な蛸が船の下を泳いでいた。頭のてっぺんから腕の先までが三メートルもありそうなミズダコである。それも一匹ではない、三匹の大蛸が船を取り巻くように泳ぎ回っている。頭をぶつけて船を押していた。Dさんが絶句していると、そこへもう一匹の大蛸が現れた。

（ああ……。こいつら、船が返《転覆し》ったら俺たちを食う気だな……。復讐か……）

じきに一匹の大蛸が船底にしがみついた。吸盤だらけの太い腕を海面から出して、こちらに伸ばしてくる。

だが、間近で見れば、その腕の先は蛸の腕ではなくなっていた。血の気のない、真っ青な、おそらく死んだ人間の手に見える。それがDさんに向かって伸びてきた――。

「H子！　南無阿弥陀仏！　南無阿弥陀仏……」

Dさんは咄嗟に愛する妻の名を呼び、念仏を唱えていた。

死人の手が五指を広げて、こちらに接近してくる。

「悪かった！　もう蛸は捕らん！　絶対捕らんから！　勘弁してくれや！」

Dさんは泣きながら詫びた。海中に引き込まれまいと、必死の思いで船縁にしがみつき、妻の名を呼び、念仏を唱え続けた。

けれども、真っ青な死人の手が、ついにDさんの肩を掴んだ。

もう駄目だ――Dさんは咄嗟に俯いて、死人の手から目を背けた。

それから、どれほどの時間が経ったろうか。

Dさんが恐る恐る顔を上げてみると、そこは波止場であった。

「何ともなくて良かったなあ！」「えらい時化だったべ！」「あんたら、なまら運《く》がいいな！」

波止場の男たちから口々に祝福の言葉をかけられた。Dさんと仲間四名は、ひどく疲弊していて立ち上がる余力がなかったので、男たちに抱えられるようにして、やっと陸へ揚がることができた。

Dさんも仲間たちも、どうやって港まで戻ることができたのか、誰も覚えていなかった。俯いている間にいつしか港へ到着していたらしい。そのことを話すと、波止場の男たちも、

「そういや、不思議なこともあるもんだ。知らん間《いつのまにか》に、あんたらの乗った船が港に着いていたんだよなあ」

と、誰一人、帰港したときの様子を説明できた者はいなかった。

そのときになって、Dさんはようやく気づいた。死人のような手に掴まれた左肩が血まみれになっていることに――。あとで服を脱ぐと、右肩には五指の爪痕が、それ以外の上半身には吸盤の痕が無数に残されていた。仲間たちも同様であった。

爾来《じらい》、Dさんが蛸を釣ることは二度となかったという。

深夜のシーラカンス

男性Rさんは三十代の頃、地方都市の繁華街にある五階建てアパートの最上階に住んでいた。ある夜、Rさんと妻が自宅にいると、玄関のほうから、ダン！　という音がした。ドアが一度だけ、強く叩かれたらしい。

来客かと思い、Rさんは玄関へ行って、ドアスコープから外を見たが、誰もいなかった。しかし、視界の隅にちらりと動く黒い影が映った気がした。それはドアの前を通過して、屋上へ上がる真っ暗な階段のほうへ移動していったようである。しばらく様子を見ていたものの、何者かが引き返してくることはなかった。

「気のせいか……」

この夜はそれだけで済んだのだが、数日後の夜にRさんが自宅で読書をしていると、また玄関のドアのほうから、ダン！　と一度だけ音がした。ノックをしたというよりも、ドアに身体をぶつけたような音である。

「何だろう？　呼び鈴が付いてるのに、ドアを強く叩きやがって」

Rさんは不快に思いながらドアスコープを覗いた。けれども、やはり誰もいなくて、視界の隅にちらりと動く黒い影が映る。何者かがこのドアの前から、屋上へ上がる階段のほうへ移動していったように思われたが、引き返してくることはなかった。

それからというもの、毎夜一度は同じことが起こるようになった。この辺りは繁華街だけに治安が良いとは言えないので、

「もしかしたら、泥棒が本番前の下見にでも来てるのかしらね？　それとも、ホームレスが泊まれそうな場所を探しに来てるのか……？」

妻が物騒なことを口にした。

「わからん。馬鹿な不良少年のいたずらかもしれない。何にしても、今度は追いかけて、やめろ、と注意してやろう。相手の出方次第では警察を呼んでもいい」

翌日の夜、Rさんが午後十一時過ぎまで待ち伏せをしていると、またドアが、ドスン！とこれまでよりも大きな音を立てた。Rさんは玄関に駆けつけて、勢いよくドアを開けた。すると、巨大なものが宙に浮かんでいた。それは体長二メートル近くもありそうな魚であった。Rさんは声を呑んだ。あまりにも意想外なモノの出現に、立ち竦んでしまう。

そんなRさんを尻目に、巨大な魚は身を翻して、屋上へ向かう階段のほうへ宙を泳いでゆき、暗闇に姿を消した。

Rさんが玄関で呆然としていると、「どうしたの？」と妻が声をかけてきた。それでや

っと我に返ることができた。

「いや、そんなはずがない……。あるわけがない……。俺の目の錯覚だろう」

Rさんはそう呟いたあと、懐中電灯を持ち出して、屋上への階段まで行ってみた。そこは電灯が点いていなくて真っ暗なのである。灯りを向けてみたが、巨大な魚はどこにもいなかった。階段を上ってみたものの、屋上へ通じるドアは施錠されていた。

Rさんは先程の巨大な魚に見覚えがあった。図鑑などで見たことがある、シーラカンスだ。およそ四億年前の古生代デボン紀に出現し、現在もほとんど姿を変えることなく、アフリカ大陸東側沿岸とインドネシア海域の深海に生息している魚類である。

「何であんなものが……」

日本近海では発見されていない深海魚が、しかも空中に浮かんでいたことに、Rさんは大きな衝撃を受けた。

それから、およそ三十分後。

またドアが、ドスン！　と鳴った。

Rさんはまだ心が落ち着いていなかったが、気になって玄関へ様子を見に行った。今度は慎重にドアスコープから外を覗くと――。

何やら明るい。

ドアの向こうに体長五十センチを超える、でっぷりと太った丸い魚が浮かんでいた。身体の半分近くが頭部のようで、大きな口を開けている。口の中には長くて鋭い歯が並んでいた。黒褐色で、頭部に長い突起がある。

「むむう……」

Rさんは唸ってから絶句した。

不気味な風貌の怪魚は屋上への階段に向かって、宙を移動してゆく。Rさんがドアを開けて外を見ると、頭部の突起が発光して、真っ暗な空間が明るくなった。

(チョウチンアンコウか!)

わずか数秒で光は消えた。階段まで行ってみたが、チョウチンアンコウは既にいなくなっていたという。

その夜、Rさんは一睡もできなかった。

それ以来、毎夜、夕方から深夜にかけて何度もドアが叩かれ、深海生物が部屋の前を横切るようになった。ユーリファリンクス(フクロウナギ)、ヌタウナギ、ラブカ、ダイオウグソクムシ、タカアシガニなど、実物は見たことがない生物がほとんどである。ただ、どれも特徴がある姿をしているので、一度見れば忘れることはない。Rさんは後日、インターネットで検索して、生物たちの種名を確認していた。

また、波の音のような、ザザザッ、ザザザザッ……という音が聞こえることもあったという。そのうちに深海生物が出現する頻度は、一夜に二、三回から四、五回へと増えてきた。Rさんがうんざりして様子を見に行かずにいたところ、妻がドアスコープを覗きに行った。そして妻も空中を浮遊する深海生物を目撃して、愕然としたものである。

おまけに深海生物たちから精気を吸い取られているのか、二人ともひどく疲弊するようになった。そんな日々が繰り返された深夜、せめて気を紛らわそうと、Rさんは軽口を叩いてみた。

「そのうち、リュウグウノツカイも来るかもしれんな」

「いよいよ竜宮城みたいね」

二人とも苦笑いを浮かべたが、心から笑うことはできなかった。これからどうなるのか、という不安から、今の状況を楽しむことができない。

「どうしたらいいのかな？」

「警察に相談してみたらどう？」

「警察って、こんなことも解決してくれるんだろうか？」

「……してくれないよね……」

そこへRさんの携帯電話が鳴った。時間が時間なので、どきりとさせられる。ディスプレイを見ると、実家の兄からだ。嫌な予感がした。

「○△（居住地名）のS子叔母さんが亡くなったそうなんだ」

S子はRさんの父方の叔母で、六十代後半だが、七、八年前に脳梗塞で倒れたことがある。生命は助かったものの、後遺症が残り、それ以後は言動が一変した。家族に向かって暴言を吐き、返す当てもないのに借金を作る。介護をしている息子のZ氏――Rさんにとっては従兄――が、「お袋の面倒を見ていると、俺まで頭がおかしくなってしまいそうになるんだ」と零していたことを思い出す。

Rさんがタクシーで総合病院へ駆けつけると、受付にいた職員から制止された。

「今、警察が来ていまして、取り調べ中なので、病室には行かないで下さい」

何と、S子叔母は殺害されたらしい。

そのときは詳しいことを教えてもらえなかったのだが、のちに聞いた話によると、S子叔母は闇金融に借りていた金を返すために別の闇金融からも金を借りていた。家に取り立て屋が来ることも日常茶飯事で、Z氏が代わりに応対していたのだという。この日も新しい闇金融から借金をしようとしたことがわかったので、

「もう、いい加減にしてくれよ」

我慢できなくなったZ氏がやめさせようとすると、

「あたしにはお金が必要なんだよっ！　身体が不自由なんだから、いつも家に物が沢山あって、財布の中がお金で一杯になってないと、いけないんだよ！　文句を言うなら、おまえがもっと働いて返しな！　子供が育ててもらった親に尽くすのは、当たり前だろう！」

と、物凄い剣幕で怒鳴った。

日頃からの言い争いに疲れ切っていたZ氏は、

（こんなのはもう、俺のお袋じゃない！　本当のお袋は倒れたあのときに死んだんだ！）

頭に血が上ってきて、わけがわからなくなり、気づいたときには拳を振り下ろしていた。

顳顬《こめかみ》を殴られ、仰向けに卒倒したS子叔母は、後頭部を座卓の角に強く打ちつけた。

「ぐふう……」

と、唸ったきり、目をひん剥いて動かなくなる。

異状に気づいたZ氏は慌てて救急車を呼んだが、S子叔母は打ち所が悪く、搬送された病院で手当てを受けている最中に死亡した、というのが真相であった。

不思議なことに、この夜を境にして、Rさん宅に深海生物が現れる現象は起きなくなったという。

Z氏は傷害致死罪に問われたが、事情が事情だったことと、親族や友人知人による減刑嘆願の署名活動が功を奏して、情状酌量が認められ、執行猶予が適用された。猶予期間が終わってから別の地方へ移住し、商売を始めて現在は細やかながらも幸せに暮らしているそうだ。Rさんたち親族一同の協力もあって、S子叔母が残した借金問題も解決できた。

Rさん宅になぜ深海生物が現れたのかは不明だが、Z氏がS子叔母のことで最も苦しんでいた時期と一致することから、関連はあるものと思われる。

Z氏は深海生物が好きで、フィギュアを集めたり、図鑑を買ったりしていた。S子叔母が心身健康だった頃には、一緒に深海生物を展示している水族館へ行ったこともあったそうで、自宅にはそのときの写真が飾られていた。

写真の中では、Z氏もS子叔母も、幸福そうに笑っていたそうである。

午後の漂流

五十代後半の男性Bさんは、富山県の海沿いの町で生まれ育った。彼が小学五年生の夏のこと。天気が良い休日に、両親と妹との家族四人で海水浴に行った。

その海水浴場は寂れていて、海の家もなく、砂浜の一画にシャワーが二台設置されているだけであった。この日は監視員さえいなかったらしい。

Bさん一家は砂浜で昼前からバーベキューを楽しみ、それから海に入ったが、両親と妹は常に浅瀬にいて、あまり泳ごうとしなかった。意外なことに、この辺りの小中学校では、体育の授業に水泳は含まれていなかったそうだ。学校にはプールがなく、海で泳ぎ方を教わる機会もなかったので、水泳が苦手な者が多いのだという。

しかし、Bさんは例外で、見よう見真似だが、泳ぐことができた。浮き輪に身体を通して、水中眼鏡を着けると、ばた足で泳ぎ始めた。初めは家族の近くで泳いでいたが、浅瀬では足が海底に届いてしまうので、つまらない。少し深い所へ行って、一人で泳いでいた。

そんな昼過ぎのことである。調子に乗って泳ぐうちに、潮の流れが変わり始めて、沖のほうまで流されてしまった。干潮に巻き込まれたのだ。

「おうい！　戻ってこいま《こうい》！　早くう！　戻ってこいま！」

父親が叫んでいる。泳ぎが苦手な父親は助けに行くことができないので、まずいな、と思ったらしく、Bさんに早く自力で戻るように呼びかけていた。

「わかったちゃ！」

Bさんは砂浜の方角へ向かって泳ごうとしたが、徒《いたずら》に手足をばたつかせるばかりで、少しも前に進めなかった。逆に海流の圧倒的な力に引っ張られ、沖へ流されてゆく。砂浜が遠退《とおの》き、騒いでいる両親の姿が見る間に小さくなってくる。

（ああ、駄目だ！　戻れない！　誰か！　誰か！　助けてくれえ！）

どうすることもできず、潮の流れに身を任せるしかなくなっていた。流され始めてから三十分後には外洋に出てしまい、どこにいるのか、さっぱり方角がわからなくなった。

真夏の日差しも強烈で、肌を炎で炙られているかのようだ。空と海から同時に体力を奪われ、Bさんはひどく疲れてきた。

「ああ、あ……。何でこんなことになるがんよ《なるんだよ》」

声に出して呟いてみたが、状況が好転するはずもない。

「俺、もう死んでしまうがんかな《死んじゃうのかな》……」

何度も嘆息するうちに、潮の動きが止まった。だが、幾ら四方を見回しても、家族がいる海水浴場はどこにも見えない。今なら泳ぐこともできそうだが、戻りたくてもどちらへ向かったら良いのか、さっぱりわからず、途方に暮れるばかりであった。

するとそこへ、海藻の塊が波に揺れながら近づいてきた。それがBさんの周りを寄り添うように回り始める。ホンダワラと思われる〈流れ藻〉の中に白い大きなものが見えた。

（何だろう？　でっかい海月《くらげ》かな？）

それは人間の水死体であった。白くぶよぶよに膨れ上がっていたが、辛《かろ》うじて人間とわかる程度の姿は保っている。

「うわあっ！」

覚えず悲鳴を発していた。

けれども、既に死ぬことを覚悟し始めていたからか、さほど怖いとは思わなかった。子供だったとはいえ、不思議と冷静に現状を観察することができたという。

水死体は小柄で、子供のようであった。素っ裸で仰向けに浮かんでいる。それを海藻が取り巻いていた。頭髪が抜け落ちて、人相も性別もわからないが、身体の大きさはBさんと同じくらいであった。

（ああ、俺もこうなってしまうがんかな……）

そんなことを考えていると――。

水死体がゆっくりと動き出した。それはベッドから起き出すように、海面に対して垂直に身体を起こした。そしてこちらを向くと、両腕を伸ばして、Bさんの両肩を強く掴んだ。

「ひいいっ！」

Bさんは堪らず悲鳴を上げていた。死を覚悟していたといっても、これには驚愕した。

水死体の、蠟《ろう》のように白く浮腫《むく》んだ顔には、両目の眼球がなかった。魚にでも食われたのであろう。それでも、黒い眼窩《がんか》をこちらに向けている。物凄い力で、Bさんを水中に沈めようとしていた。

「や、やめろっ！」

Bさんは無我夢中で水死体の両腕を払いのけた。さらに、その腹を蹴飛ばすと、腐肉に足の先がめり込んだ。ところが、水死体は効いた風もなく、今度は海中に潜ったかと思うと、Bさんの左足を掴んで海中に引き込もうとする。

Bさんも負けじと、右足で水死体の頭を蹴りつけた。

（独りは、寂しくて、嫌なんだよ……。君も、一緒に、死んでくれよう……）

という声が、Bさんの脳裏に直接伝わってきた。少年の声らしい。

「嫌だ！　やっぱり俺はまだ死にたくない！」

Bさんは水死体の頭や両手を何度も蹴り続けた。幸い、浮き輪のおかげで簡単に沈むことはない。しかし、水死体が引っ張る力は強く、浮き輪から身体が抜けてしまいそうになる。Bさんは両腕でしっかりと浮き輪を挟み、両足で必死に抵抗を続けた。

戦いは何時間も続いた気がしたが、実際には十分程度だったらしい。Bさんはふと、掴まれていた足が軽くなって、いつしか水死体の気配が消えていることに気づいた。

（おらんがになったか《いなくなったか》……）

ひとまずは安心した。だが、より体力を費やしたことで、疲労が限界に達していた。相変わらず日差しは強烈で、喉が渇いて苦しかった。もはや少しも動くことができない。

（また土左衛門が襲ってきたら、今度こそおしまいやわ）

と、絶望したときのことである。

突然、海中から巨大な白い影が浮上してきた。

体長は五メートル以上もあったろうか、とにかく長い生物であった。全身が銀白色に輝き、頭部に赤い鬣《たてがみ》のような背鰭《せびれ》が並んでいる。それがわずか数メートル先の海面近くにいきなり出現したものだから、Bさんはまたもや驚愕した。

（うわっ、か、怪物だっ!!）

既に死を覚悟していたとはいえ、肝を潰して浮き輪ごと後方へひっくり返ってしまい、溺れそうになる。

けれども、その生物は攻撃をしてこなかった。竦み上がるBさんの数メートル先をずっと漂うように泳いでいる。海中に立ち上がるような姿勢で、ひらひらと扁平な胴体をくねらせていた。

（……魚、ながか《なのか》!?　あんな魚、初めて見た！）

Bさんは心が落ち着いてくると、その魚がとても美しい姿をしていることに気づいた。

（さっきの土左衛門も、この魚が追い払ってくれたがかもしれん）

やがて潮の流れが変わってきた。満潮になったのだ。

海水浴場から沖へ流されたときとは逆に、今度は泳がなくとも岸へ向かって流されてゆく。遠くに海岸の松林が見えてきた。

（もしかしたら、戻れるがかな？）

太陽が赤く変色して、西の空に浮かんでいる。空がオレンジ色に染まってきた。夕暮れが近づいている。日差しが弱まったことで、Bさんは些《いささ》か楽になっていた。疲弊からつい、うとうとしてしまう。もっとも、喉の渇きのせいですぐに目が覚めた。

（俺、死ぬが《の》んかな……？　助かるが《の》んかな……？）

朦朧《もうろう》とした頭でそう考えていると、泳いでいなかったにも拘らず、海岸へ向かって、かなり速く移動していることに気がついた。潮の流れだけではない。背後からの力を感じて振り返ってみれば、あの巨大な銀白の魚が頭で浮き輪を押してくれていたのである。

岸辺まで、あと三十メートルほどに近づいていた。

（おおっ、やったあ！　助かるぞう！）

Bさんはそこからは両手両足で水を掻いて、自力でも泳いだ。波に揉まれながら、どうにか砂浜の近くまで泳いだが、あと少しのところで力が尽きてしまった。

「おうい！　子供がおったぞう！」

沿岸警備隊員や消防団員が、何人も砂浜やテトラポットの上を走ってきた。皆、懸命にBさんを捜索してくれていたのだ。彼らは着衣のまま、水飛沫を上げて海に入ってきた。

「坊やあ！　大丈夫かあ!?」

Bさんは砂浜に引き揚げられた。

（ああ、俺、助かったがんや《んだ》なぁ……）

このとき巨大な銀白の魚は波打ち際近くにいたが、Bさんが救助されるや、長い身体を反転させると、赤い鬣状の背鰭を翻しながら、沖のほうへ優雅に泳いでいった。

（あの魚が、俺を助けてくれたがやな《くれたんだな》……）

しばらくして、知らせを受けた両親が現場に到着する。Bさんが漂着した砂浜は、件《くだん》の海水浴場からは五、六キロ離れた地点であった。

それから二日後、体力が回復したBさんは、母親に体験したことを話してみた。

「母ちゃん、俺が流されたとき、沖に土座衛門がおって、そいつが動き出して、俺、殺されそうになったがんよ。だけど、見たこともない魚が助けてくれたがやちゃ《んだよね》」

「泳ぎ疲れて夢でも見とったがじゃないがけ《見てたんじゃないのかい》。まあでも、助かって本当に良かったちゃ《よ》」

母親は呆れ顔で、半信半疑だったらしい。

のちにBさんはあの魚が、リュウグウノツカイと呼ばれる深海魚であることを知った。リュウグウノツカイはオキアミなどのプランクトンを食べるおとなしい魚で、海外では体長十一メートルもの個体が捕獲されており、伝説の怪物シーサーペントの正体ではないか、といわれている。

この話の舞台となった富山県などの日本海沿岸部には人魚の伝説が多く、その正体とする説もある。本来は水深二〇〇メートルから一〇〇〇メートルの深海中層に生息することから、人目に触れる機会は少ない。しかし、近年は浅瀬に漂着する個体が度々発見されている。それを大地震の前触れと考える向きもあるが、科学的には証明されていない。

Bさんの記憶によると、この直後に地震が起きたことはなかったという。

イタチの狩り

四十代の男性Hさんは、企業から依頼を受けて動植物の生息状況を調査する仕事をしている。調査地は山林や河川池沼、海岸など、多岐にわたる。

ある日、Hさんは関東地方の河川敷での調査中、十メートルほど離れた水際の砂地にいるイタチを見つけた。尾の長さを除いた体長が三十センチあまりの個体で、イエネコよりもだいぶ小さい。

日本国内にはニホンイタチと、それよりも大きなシベリアイタチ（旧名チョウセンイタチ）が生息している。シベリアイタチは本来、長崎県の対馬のみに生息していたが、海外から持ち込まれた個体が西日本で生息範囲を広げており、外来種とされている。

（あれは、ニホンイタチだな）

Hさんはここが東日本であることや、尾が短めの特徴などから、そう判断した。

イタチは自分の身体の二倍以上もあるカルガモを捕まえていた。ぐったりとしたカルガモの首を口に咥えている。その場で食おうとはせず、砂の上を引き摺っていた。鷹などの天敵に見つからないように物陰へ運んで食べたいのかもしれない。

（あんなに大きな獲物をどうやって運ぶんだろう？）

Hさんが興味深く思って、観察していると——。

次の瞬間、イタチの姿が視界から消え失せた。獲物のカルガモも消えている。

（ん？　どこに隠れたんだ？）

Hさんは急いで砂地へ行ってみたが、すぐ近くにはイタチが身を隠せるような穴や草木の茂みはない。消えた、としか思えない状況であった。

Hさんが釈然としない思いを抱えたまま、引き返し始めたとき、ちょうど先程まで彼が立っていた場所にカルガモを咥えたイタチの姿があった。

（あっ！　いつの間に、あんな所へ？）

Hさんが呆気に取られていると——。

イタチはカルガモを咥えたまま、再び姿を消してしまった。

ここも地面に穴は開いておらず、間近に草木が茂っているわけでもない。瞬時に隠れることができる場所はなく、またしても、消えたとしか思えないできごとであった。

翌日、同じ川の少し下流でHさんは嫌な体験をした。

川に沿って細い道があり、路肩に高さ一メートル二十センチほどの柵が設けられている。

そこには蔓草《つるくさ》が絡みついていた。Hさんは柵を乗り越えて川原に降りようとした。

そのとき、柵の向こうに人の姿を認めた。道からは蔓草で隠されていて、気づかなかったのである。三十代前半と思しき男性が柵の上部に縄を掛け、正座する格好で首を吊っていた。Hさんは鼻が利くほうだが、近づいても臭いはなく、失禁はしていないらしい。目を閉じて眠っているような安らかな顔をしていた。だが、頸部に縄が深く食い込んでいて、既に呼吸をしていないことは明らかであった。

スマートフォンで警察に通報する。第一発見者として根掘り葉掘り話を訊かれる羽目になり、その日はもはや仕事にならなかったという。

それから、およそ一年後。

Hさんは初めて訪れる地方へ遠征し、丘陵地帯を流れる沢沿いで動植物を調査中、ニホンイタチを見つけた。イタチは水際に近づき、水面を泳いで渡ろうとする蛇、ヤマカガシに狙いを定めていた。

Hさんが息を殺して見守っていると、イタチは跳躍して、蛇の頭部へ躍りかかり、水中に飛び込んだ。

ところが、水飛沫が上がらない。

イタチも蛇も姿を消していたのである。

Hさんは不思議に思って、川に入ってみた。水深は二、三十センチ。水は澄んでいて、川底がよく見えている。イタチと蛇が身を隠せる場所はどこにもなかったという。

（またか！　おかしなこともあるものだ……）

その日の夕方、宿泊先のビジネスホテルへ車で戻る途中、Hさんは自転車に乗った十歳くらいの少女がほかの車に撥ねられたところを目撃した。車を停めて降り、救護に協力しようとしたが、少女は頭が割れて大の字に伸びていて、路面には見る間に血溜まりが広がっていった。大騒ぎになり、救急車で病院へ運ばれていったものの、翌朝の新聞の地方版を見ると、それらしい少女が亡くなったことが小さく報じられていた。

このようにHさんは、イタチが狩りをして姿を消すことがあると、決まって人の死と直面する。それも親族や友人知人ではなく、それまでまったく繋がりがなかった人物の死に出くわすのだという。その後も同じ体験を二度している。おかげで野外でイタチを目撃すると、狩りをしていないときでも胸騒ぎがして、嫌な気分になるそうだ。

先に行け！

一九九〇年、女性Lさんが二十代の頃、群馬県前橋市のマンションに住んでいたときのできごとである。朝方、彼女は前日から泊まりに来ていた彼氏と二人で、寝室のベッドに座って話をしていた。

Lさんは何げなく、目の前にある白い壁に視線を向けていたのだが、やがてどういうわけか、壁から目を離せなくなった。

すると、壁の真ん中に黒い渦巻きが現れ、ゆっくりと回転し始めた。初めは小さかった渦が、次第に拡大され、壁を突き抜けそうなほど深くなってゆく。

(何よ、これ？)

Lさんは驚き、目の錯覚かと思って、壁に手を伸ばしてみた。

ほぼ同時に、左隣に座っていた彼氏も手を伸ばす。

二人の手が壁に触れたのと同時に、渦は一瞬にして消滅した。

「やだっ！　本物っ！」

と、Lさんは叫んだ。

「今、渦巻きが出てきたよな⁉　消えたいな？」

彼氏も同じ光景を見ていたのだという。

それからまもなく、Lさんはこの部屋が嫌になり、引っ越すことにした。荷物はすべて運び出したが、エアコンを取り外す作業が業者の都合で引っ越しのあとになってしまった。

その当日、Lさんは母親が運転する車に乗って、現場へ向かった。妹が後部座席に同乗している。近道である裏通りを通って、マンションを目指していた。

ところが、それよりも百メートルほど手前に車が一台停まっていた。白い国産の軽自動車である。この道は一方通行で、道幅が狭く、車一台しか通れない。母親はやむを得ず、車を停めた。

「こんな所に停めるなんて、無責任だいね」

「そうよねえ。非常識だいね」

Lさんの言葉に後部座席の妹が応《こた》える。

軽自動車の運転席の窓が開いて、片腕が出てきた。男と思われる太い腕で、白いワイシャツの袖が見え、手首を前後に振り始める。〈先に行け！〉という合図であった。

「ええっ？　何なのよ？　行げるわけないいじゃんね！」

Lさんが呆れて言うと、妹も同調する。

「ほんとに。どうやって抜かせ、っていうのかしら！」

そのとき運転席の母親が、怪訝な顔をしながら口を挟んできた。

「なぁに？」

「いや、あれはないよね、って。お母さんも、そう思わない？」

「何が？　さっきっから、何のこと言ってるん？」

「だからさぁ、前の車の運転手。先に行げって合図してるけど、行げっこないじゃん。ここ、車一台しか通れないんにさぁ」

母親が首を傾げている。

（あれ？　お母さん、どうしたんかな？）

Lさんが不可解に思っていると――。

右手の家から中年の女性が出てきて、こちらに向かって「すみません」と頭を下げた。

車窓から出ていた男の腕が車内に引っ込む。女性が運転席のドアを開けて乗り込んだ。

「ええっ⁉」

Lさんと妹は我が目を疑った。運転席には誰もいなかったのである。

運転席にいた男がすばやく助手席へ移動したのかと思い、そちらに視線を向けた。男の後頭部が見えるはずだが、何も見えない。そもそもずっと前の車を凝視していたのだ。男が移動すればわかるはずなのに、微塵《みじん》も気づかなかった。

軽自動車が走り出す。そのとき、車のバックドアから、ふさふさした体毛に覆われた太い尾が生え出てくるのが見えた。灰褐色で後端だけが黒い。狸に見えた。

「あっ!」

「あれは……!」

Lさんと妹は唖然とするばかりだったが、母親には男の腕と同様に、太い尾も見えていなかったという。

この一件と、マンションの壁に発生した渦巻きとの間に、何らかの関連があったのかは不明である。

A子さんとおたらちゃん

六十代の女性Eさんが、以前に勤務していた群馬県東部の会社で体験したできごとである。Eさんはパート社員で、所属部署は女性が多く、直属の上司も皆、女性であった。当時のEさんは四十代で、その職場では十年ほど働いていた。一時期、パート社員が何人か続けて入社したことがあった。

最初に入社したのはEさんと同い年の女性で、A子さんという。よく喋るが、冗談を言って皆を笑わせたり、相手の話もしっかりと聞いて気の利いた返答をするので、たちまち職場の人気者になった。彼女がいると、周りが和《なご》やかな雰囲気になる。

Eさんも短期間で意気投合して、勤務以外でも一緒に買い物や食事に出かける友人になった。〈つうと言えばかあ〉の仲となり、一緒にいてとても楽しかったそうだ。それでじきにわかったのだが、A子さんは怪異が〈見える人〉であった。Eさんが興味を示すと、よく目撃談を語ってくれたそうである。

A子さんは元々、〈見える人〉だったわけではない。最初の夫と離婚したあと、二番目の夫と再婚したのだが、彼が〈かなり見える人〉だったことから、その影響を受けて後天的な変化を遂げたというのだ。

例えば、こんな話がある。

A子さんが夫と二人で、夜のドライブに出かけたときのこと。車は夫が運転し、A子さんは助手席に乗っていた。群馬県内の幹線道路を走っていると、街灯と車のヘッドライトの光を浴びて、前方から歩道を歩いてくる長身の男の姿が見えた。その男が黒いセーターを着て、黒いズボンを穿き、黒い帽子を被っていることも確認できた。

A子さんは彼を見ても、初めは何とも思わなかった。

擦れ違って少し走ると、向こうから人影が歩いてくる。

それもまた、上下黒ずくめの男であった。三十代の後半くらいで、背の高い男だ。A子さんは擦れ違いざまに気がついた。

(あれ？　もしかして、さっきの人？)

少し走ると、またもや黒ずくめの男が歩いてくる。今度は青白い顔まで確認した。同じ人物としか思えない。

「ねえ。さっきから、変じゃない？」

A子さんは怖くなって夫の顔を見た。

夫はこちらを横目で一瞥《いちべつ》してから、再び視線を前に向けて言う。

「あれは、〈あっちの世界〉の人だよ。俺たちが気づくまで、何度でも擦れ違うんだ。黙って気づかないふりをしていればいい」

幹線道路を通過する間、およそ百メートルごとの間隔で同じ男と何度も繰り返し擦れ違った。気づいたことがわかればどうなるのか、夫はそこまで説明してくれなかったので、A子さんはずっと緊張していた。

横道へ曲がると、その男は現れなくなった。黙っていた夫が、ようやく口を切る。

「生きた者も死んだ者も、同じように見えるんだ。A子も気をつけろよ」

A子さんは夫が持つ能力と、それを自分が身につけてしまったことに慄然としたという。

A子さんはそんな話を何食わぬ顔で、会社の休憩時間や休日に出かけたランチの最中にやってのける。怪談が大好きなEさんは、すっかりA子さんのことが気に入って、怖がりながらも楽しく話を聞いていたそうである。

その後も続けて数人のパート社員が入ったが、A子さんの入社から半年ほどして、問題のパート社員が入ってきた。三十代の半ばで、シングルマザーの女性であった。彼女には〈おたらちゃん〉という変わった渾名《あだな》があった。渾名の由来については、取材に応じてくれたEさんが言葉を濁していたので、よくわからない。

おたらちゃんは色白で目鼻立ちがはっきりとした、なかなかの美人であった。素顔に自信があるのか、女性ばかりの職場だからか、いつも化粧をしてこない。そしてシングルマザーになった経緯《いきさつ》をはじめ、詳しい身の上話は一切、語ろうとしなかった。人との間に壁を作る、謎めいた女性だったという。その代わり、仕事の飲み込みが早くて、

「私、もう覚えました。任せて下さい」

と、精密機械のように何でもすばやく、的確にこなす。極めて有能なパート社員なので、職場では重宝されるようになった。皆と心から打ち解けることはなかったものの、Eさんや同僚たちとの仲は決して悪いものではなかったそうだ。

しかしながら、おたらちゃんには一人だけ、非常に折り合いが悪い相手がいた。それがA子さんだったのである。

毎朝、A子さんが「おはようございます!」と皆に笑顔で声をかけても、おたらちゃんだけは挨拶を返さない。それでA子さんも次第におたらちゃんには声をかけなくなった。

さらに当初、A子さんは皆と同じように、おたらちゃんにも穏やかに話しかけたが、おたらちゃんは手短に会話を終わらせて、目を合わせようともしない。そればかりか、「そんなこと、わかってますっ!」「もういいですか? 私、作業中なので!」などと、語気

が荒く、棘のある言葉を発してばかりいた。

（あんたとは関わりたくない！　それ以上、私に近づくな！）

そう言っているかのようであった。美人で派手な顔立ちのおたらちゃんが、そのような態度を取ると、余計に冷酷で意地が悪そうに見える。まさに一触即発の状態が続き、女性ばかりの職場としては、甚《はなは》だしく雰囲気が悪くなっていった。

ところが、この職場はシフト制で、交替で休みを取るのだが、A子さんが休みの日になると、おたらちゃんは別人のように穏やかで、誰とでも笑顔で話す。これまでの仕事ぶりに加えて、冗談を言うことも増え、職場の雰囲気を明るく変えるほどになっていた。

一方のA子さんは、喧嘩を仕掛けることも、仲直りを試みることもしなかった。ただし、できるだけ、おたらちゃんを避けて静観していた。

Eさんは相変わらずA子さんと仲が良かったが、おたらちゃんのことも嫌いなわけではない。どちらかに肩入れするわけにもいかず、いつも困っていたという。

そんな日々が半年近くも続いた頃。

二人の様子を常に傍《はた》から見守っていたEさんは、あることに気がついた。

おたらちゃんの容貌が日毎にきつくなり、両目の周りに赤い縁取りが現れるようになったのだ。それまでのおたらちゃんは、職場に化粧をしてくることはなかった。実際、口紅は塗っていない。だが、元々、色白で肌理《きめ》細かな肌はより一層、白さを増して青白くなり、真っ赤に縁取られた両目が吊り上がっていた。能面のような面差《おもざ》しに見える。顔だけでなく、手首から先も青白くて、まるで血が通っていないかのようであった。

それはA子さんが休みの日も変わらない。

「おたらちゃんの顔、最近、変わったよね」

Eさんがほかのパート社員数人に確認してみると、誰もが頷いた。おまけに皆、

「あれって、化粧じゃないよね」

と、眉を曇らせる。

いよいよおかしい、と感じたEさんは、仕事が終わってから更衣室でA子さんと二人だけになったところを見計らい、思い切って訊ねてみた。

「A子さんは、おたらちゃんの顔のこと、どう思う？」

A子さんは少し考えてから、

「これは、Eさんだから言うんだけど……」

と、語り始めた。

「おたらちゃんには、狐が憑いてるんだいね」

「えっ……!?」

「あたし、主人と一緒にいると、たまにこういうことがあるのよ。誰かに憑けちゃうというか……。とくに狐は、○×□▲だから……」

「は……？　えっ……!?　えええっ……!?」

Eさんは〈狐が憑いている〉という言葉に動揺した。これまでに怪談話として聞いたことはあっても、実際に遭遇したのは初めてだったからだ。おかげで「とくに狐は、○×□▲だから」とA子さんが話した肝要な部分が頭に入ってこなかった。

聞き返す間もなく、A子さんは早々と帰宅してしまった。

それでもEさんは驚いただけでなく、得心《とくしん》が行ったのだという。

（確かに、あの目は狐だわ。能面じゃなかった。狐の面を被ってるみたいだわ）

それからほどなくして、A子さんは退職希望を申し出た。Eさんは驚いて、

「やっぱり、おたらちゃんのことが理由なん？　それなら、彼女と一度、ちゃんと話し合ってみたら、どう？　狐憑きなら、御祓いを受けてもらうとかさぁ」

引き止めようとしたが、A子さんは無言で首を横に振って、静かに職場を去っていった。

翌日からおたらちゃんに変化が生じた。目の周りから真っ赤な縁取りが消え、肌の色も血色が良くなった。容貌は元に戻り、すっかり〈いい人〉になってしまったのだという。

職場の雰囲気も和やかになり、これまでの険悪さが幻のように消滅した。Eさんは気の合う仕事仲間を失い、寂しくなって落胆したが、職場内では意外な流れが起きていた。

「一触即発は、もしかしたら、A子さんのほうに問題があったんかねえ？」

「面白い人だったけど、いなくなったら雰囲気が良くなった、ってことは、そうだったのかもしれないね」

と、A子さんを批難する向きがあった。ただ、批難は控えめで、じきにA子さんの話題すら出なくなった。

Eさんはその後もA子さんと仲良くしたくて連絡を取っていたが、何かと理由をつけて会ってもらえず、年賀状のやり取りだけの仲となった。そしてA子さんが二度目の離婚をしたことを報告してきたあと、連絡がつかなくなり、交流が途絶えてしまった。

おたらちゃんものちに転職して、職場を去った。Eさんも退職したが、今でも二人は交流を続けている。たまに元職場のOG同士で集まって、一緒に楽しくお茶を飲むことがあるそうだ。もっとも、おたらちゃんはA子さんと同じ職場にいて変貌したときのことは、

「私、全然覚えていないんです」

そう言うばかりで絶対に語ろうとしない。

そのため、Eさんもほかの OG たちも、その話題には触れないようにしているという。

「A子さんとの繋がりがなくなっちゃったので、おたらちゃんにとり憑いていた狐がどうなったのかは、わからないままなんです。A子さんが何で急に変わっちゃったのかも、私なりに考えてみたけど、〈藪の中〉なんですよね」

と、Eさんは話を締め括ったのだが……。

語り終えた彼女の顔が青白くなり、両目の周りに赤い縁取りが浮かび上がってきたように思えたのは、私（戸神）の気のせいだったのだろうか？

深夜の峠

　群馬県在住の男性Mさんが、故人となった父親のKさんから生前に聞いた話である。

　今から三十三年前、平成元年のことだという。Kさんは妻――Mさんの母親――と二人でゴムの部品を製造する工場を経営していた。自宅の敷地内にある小さな町工場であった。

　ある朝、知り合いの機械工場の社長から電話がかかってきた。

「今日、うちの会社は凄く忙しいんだ。手伝いに来てくれないかねえ？」

　Kさんの工場では急ぎの仕事はなかったので、妻だけでも何とかなる。Kさんは工場を妻に任せて、車に乗って出発した。

　郊外にある機械工場には四十分ほどで到着した。ここでは過去にも繁忙期に手伝いをしたことが何度もあるので、万事、勝手がわかっている。Kさんは作業を手際よく熟《こな》していった。

　長い時間が過ぎて……時刻は午前零時を回った。しかし、作業はまだ当分終わりそうにない。途中でも帰らないと、明日の本業に影響が出てしまう、とKさんは考えた。

「ハア《もう》、こんな時間なんで、俺《おら》あ、帰《けえ》るよ」

急いで手を洗い、作業着姿のまま、車に乗って帰路に就く。地元の町へ帰るには山を一つ越えなければならない。山奥の道路を進むうちに、急なカーブが続く峠に入った。街灯が一本も立っていなくて、辺り一帯は真っ暗である。そんな坂道を上ってゆくと――。

出し抜けに明るく光るものが二つ、車のフロントガラスの前を横切った。

それは赤と青の火の玉であった。

「うわっ！　人魂じゃねえかっ！」

二つの火の玉は一度離れていったが、すぐに引き返してきて、Kさんが運転する車を左右から挟んだ。右手に赤い光、左手に青い光が浮かんで、車についてくる。

（おっかねえなぁ！　何をしようってんだ？）

赤と青の火の玉は、並んで競い合うように車の周りをぐるぐると回り始めた。中心部分の玉の大きさは硬式野球のボールほどだったが、突然、何十倍にも大きく変化する――。

赤い火の中には牛の首が、青い火の中には馬の首が浮かび上がっていた。

それらがフロントガラスの前を何度も通過するので、視界を遮られて車を運転することが困難になってきた。Kさんはやむなく車を停めた。けれども、〈牛馬の火〉はかえって勢いよく、車を取り囲むように回り始める。

（駄目だ。このままだと、襲いかかってくるかもしれねえ）

Kさんは一か八か、車を発進させた。視界が悪いが、どうにか車を進めてゆく。今はそうするしかなかった。そろそろ峠の最高地点が近づいていた。そこから先の道路はU字型をした、急なヘアピンカーブになっている。だが、本来ならばS字カーブのはずであった。

（おや？　おっかしいな。これじゃあ、今来た方向に逆戻りじゃねえきゃ《かい》あ）

Kさんは不審に思った。カーブに入ってその中央付近まで来たとき、路肩の向こうの真っ暗闇に、分岐する道路の入口が見えた。Kさんはヘアピンカーブを曲がり切らずに分岐する道路のほうへ車を進めた。そして暗闇を進むうちに、来るときに通ったのと同じS字カーブに出て、そこを通過した。

（どうも変だけど……。まあ、これでどうにか帰れるだんべえ《だろう》）

Kさんはそう確信した。それと同時に、牛馬の首が入った火の玉は消えてしまった。

しかし、そこから先の道路がまたおかしい。峠を越えても、あるべきはずの下りの坂道に出ないのである。カーナビゲーションやスマートフォンといった便利な物はまだ普及していなかった時代なので、ひたすら道なりに進んでいったが、山道はどこまでも続いており、なかなか坂を下って市街地に入ることができなかった。それでも走り続けてゆくと、ようやく山道から抜け出すことができた。

ところが、最寄りの市街地の町並みにはまるで見覚えがなかった。そこはKさんの地元の町ではない。そのまま車を走らせると、道路標識が立っていたが、見れば知らない地名ばかりである。

（ここはどこだ？　どういうことなんだ？）

わけがわからずKさんは頭が混乱したものの、何度も車を停めて、自分の居場所を確認した。そのうちに隣県の某市郊外にいることがわかったそうだ。

（まさか、そんなことが……？）

そこからは車に積んであった地図を見ながら慎重に車を進めて、二時間もかかってやっと地元の町まで帰ってくることができた。

後日、昼間に地元近くの例の峠を車で通ったときには、何の異変も起こらなかったという。さらにKさんは、子供の頃に両親から聞かされた、その峠に纏わる話を思い出した。

かつてトラクターやトラックがなかった時代には、牛が犂《すき》を引いて田畑を耕し、馬が荷物を運んでいた。山の麓にある村では、それらの使役動物が年を取って体力が衰えたり、病気に罹ったりしたときに、その峠まで連れてゆき、首を斬り落とした、といわれている。いわば、牛馬の〈姥捨て山〉だったらしい。

今度は遊びに

M美さんは小さな離島で生まれ育った。今から六十年近く前のことで、島の産業は芋類の栽培を中心にした農業と、畜産業しかなかったという。当時は子供も学校が終わると毎日家業の手伝いをするのが必然で、M美さんは牛の世話をしていた。忙しいときは、学校を休むように両親から命じられることもあった。長女だから尚更である。

小学六年生の日曜日、彼女は自宅近くの牛舎で牛の世話に励んでいた。

島で飼われている牛たちは黒毛和牛で、食肉にされる運命にあるのだが、子牛のときから大事に育てると、人にとてもよく懐く。犬や猫と同じで人の言葉がある程度は理解できるらしく、名前を呼べば駆け寄ってくるし、甘えて長い舌でM美さんの手や頭を舐め回すこともある。そんな牛たちが出荷されてゆくときは辛くて泣いたこともあったが、次第に慣れていったという。

昼下がり、とくに懐いている牝牛《めうし》の〈モモ〉の世話をしていると、

「M美！」

と、名前を呼ばれた。牛舎の外に同級生の少年Cがいて、窓からこちらを覗いている。

M美さんは驚いた。Cの家は同じ島でも遠く離れた別の集落にあると聞いていたからだ。

「C君！　どうしたの？　何しに来たの？　何でここがわかったの？」

上擦った声で矢継ぎ早に問いかけたが、Cは答えず、逆にこう訊いてきた。

「M美、何してるんだ？」

「家の手伝いよ。牛の世話」

「ふうん」

「ふうん、って、見ればわかるでしょ。C君はしなくていいの？」

「いいんだよ。なあ、M美、今から俺と遊びに行かないか？」

「駄目よ。牛舎の掃除をして、牛に餌をやらなきゃいけないんだから。行けないわよ」

M美さんは慌てた。それまで兄弟以外の男子と二人きりで出歩いたことなどなかったからだ。Cは島の子供にしては色白で、ひょろりと痩せており、顔立ちの整った美少年である。中性的で弱々しい感じがするが、M美さんは彼のことが嫌いではなかった。以前からCはよくM美さんに話しかけてきたし、話しているときは楽しそうによく笑う。それで、

（C君、あたしのことが好きなのかな……？）

何となく、そう感じていたという。だから、どこへ行くつもりなのかわからないが、本心では一緒に遊びに行ってみたかった。とはいえ、まだ小学生だったし、牛の世話をしな

いわけにはいかない。しかもこのとき、〈モモ〉が、モオオオ！　モオオオオ！　と、一際大きな声で鳴いた。「行かないで！　行っちゃ駄目！」と言われた気がしたという。

「駄目なのか？」

「うん……」

「わかったよ。……ちぇっ。つまんねえの」

Cは帰っていった。


月曜日にM美さんが登校すると、C少年の姿はなく、彼の席には花が置いてあった。

実は、C少年は容姿や物腰のことで同じクラスの男子たちからいじめられていた。現代とは違って、男は男らしくあれ、女は女らしくあれ、という考え方が強かった時代である。中性的な外見でなよなよしたC少年は「女男！」といつも馬鹿にされ、暴力を受けていた。

昔の学校は土曜日が〈半ドン〉と呼ばれ、午前中だけ授業があった。M美さんは牛の世話があって休んでいたので知らなかったが、前週の土曜日も休み時間と放課後に複数の男子から激しい暴力を振るわれたらしい。C少年はそれを苦に病み、同じ日の夜の間に自宅の裏庭で首を吊っていたというのである。遺体は日曜日の朝になって家族が発見した。

「ええっ！　そんな！　そんな……。じゃあ、あたしが昨日会ったのは……？」

M美さんは長い間、絶句した。

怖さよりもC少年のことが気の毒に思えてならず、あのとき遊びに行くことはできなくても、せめてもっと話してあげれば良かった、と後悔し、泣き崩れた。その日は授業も上の空で頭に入ってこなかった。ほかの児童も同じような状態だったらしい。C少年をいじめていた男子たちも、親や教師にばれて相当叱られたのか、珍しくおとなしかった。

休憩時間にM美さんは、親友の少女V子に日曜日のできごとを話した。話すうちにまた涙が目から溢れ出す。ところが、V子は意外なことを口にした。

「そうなんだ。……C君ね、あたしのところにも来たのよ」

「えっ⁉」

V子は土曜日の午後、学校から帰ると、自宅で幼い弟妹たちの面倒を見ていた。そこへCが訪ねてきたのだ。

「V子、遊びに行かないか」

やはりそう言われたのだが、自宅から離れるわけにはいかないので断った。しかし、両親は畑仕事に出かけている。それを良いことに、庭先で三十分ほど会話をしたそうだ。そして帰り際にCは「今度は遊びに行こうな」と笑顔で言ったという。

「C君、あんなに楽しそうだったのに……」

V子も泣き出してしまう。

反対にM美さんは涙が出なくなった。悲しいというよりも、嫌な気分になったのだ。

(何よ！　あたしが断ったら、Vちゃんのところに行ってたなんて、ひどいじゃない！)

V子に対する嫉妬やら、Cが死後に行った不義理に対する怒りやらで、もはや泣けなくなってしまった。Cがそれまで好意を持っていたことは露ほども知らなかったのである。

Cのことが好きだった、というほどでもないのに、落胆している自分に気づいた。

Cの葬儀は翌日に行われ、M美さんとV子はほかの児童や教師とともに参列した。

それから数日後のこと。

放課後、M美さんとV子はこれまで通り、一緒に帰ることになったが、あれからあまり口を利かなくなっていた。それでも、木立に挟まれた道を並んで歩いていると――。

木立の中から突然、Cが足音も立てずに現れた。双眸《そうぼう》をぎらぎらと光らせながら、黙ってこちらに向かってくる。

「C君！」

M美さんとV子は同時に叫んだ。慴然《しょうぜん》として棒立ちになってしまう。

Cは生前とも、先日牛舎に現れたときとも、表情が変わっていた。土気色の顔をして、眉間に深い縦皺《たてじわ》を寄せ、眼光が鋭い。足を動かしてはいなかった。何も言わず、空中を滑るようにすばやく近づいてきたかと思うと、M美さんではなく、V子の腕を掴んだ。

「きゃっ！　な、何をするのっ⁉」

V子が悲鳴を上げると、Cは一瞬にして姿を消してしまった。

しかし、掴んだ手の痕が赤い痣になって、V子の手首に残されていた。

二人は震え上がり、急いで逃げ帰った。M美さんの家のほうが手前にある。家の近くで別れたのだが、それが生きたV子を見た最後となった。

V子は自宅のすぐ近くで何を思ったのか、道路へ大きく飛び出し、当時の島には数台しかなかった自動車に撥ねられたのだ。即死だったらしい。

（きっと、C君に連れていかれたのね。もしかしたら、次はあたしかも……）

この日からM美さんは毎日、Cの影に怯えながら過ごす羽目になった。牛舎で牛たちの世話をしているときも、またCが顔を出しそうな気がして落ち着かない。実際にCが姿を現すことは二度となかったのだが……。

やがて〈モモ〉が、二年半の肥育を終えて出荷されることになった。M美さんはあのとき〈モモ〉が引き止めてくれなかったら、V子と同じ目に遭っていたのではないか、と思うと、悲しくて居ても立ってもいられなくなり、肉牛を飼う仕事が嫌になった。それもあって、中学校を卒業すると島を離れ、都会へ働きに出たという。

麦

群馬県在住で六十代の男性Tさんは、二〇一四年の晩秋、冷たい雨が降る日に一頭の雌猫と出会った。所用で妻と隣の市を訪れ、帰路に初めて立ち寄ったコンビニで休憩したときのこと。妻が店内で買い物をする間、Tさんが軒下の喫煙所で煙草を吸っていると、雨の中、道路を横切ってくる猫の姿が見えた。その猫は駐車場に入ってきて、店から出てきた妻の足元に座った。迷うことなく、まっしぐらに駆け寄ってきたのである。

白とグレイの体毛にうっすらと黒い虎毛が混ざっていた。シャム猫の雑種らしい。びしょ濡れで、痩せ細っており、首輪を嵌めていなかった。右の前足に大きな裂傷がある。治療を受けていないのだろう、傷が化膿していた。

「野良猫かしら?」

「そうだろうな。かわいそうに。ひどい怪我だ」

Tさんが抱き上げると、猫は甘えて、ひと声鳴いた。縁を感じたTさん夫妻は、猫を車に乗せて動物病院へ連れてゆき、診察と傷の治療を受けたあと、自宅に連れて帰った。

それが〈麦〉だったという。名前は妻がつけた。Tさん夫妻の家にはほかにも三頭の猫がいて、先に飼い始めた猫から尻取りで名前をつけることにしていた。すぐ先輩の猫が〈ライム〉なので、「む」から始まる名前にしたかった。体調が悪いことはわかっていたため、『踏まれて強くなる麦のように、元気になれ』という願いを込めて〈麦〉と名づけた。〈麦〉はTさん夫妻によく馴れ、ほかの猫たちにも受け入れられた。普段はおとなしいが、たまにボールなどを咥えて運び、ベッドの下に隠すという、いたずら好きな面もあった。

しかし、〈麦〉は、家に来たときには既に白血病と腎不全、重い口内炎を患っていて、毎週、動物病院へ通院させなければならなかった。猫の年齢は歯から推定できるが、〈麦〉の歯はぼろぼろに欠けており、口内炎の治療のため、全部抜く必要があったので、正確な年齢はわからない。もっとも、毛並みからして、まだ若い猫だったようである。治療の甲斐あって腎不全と口内炎は快復し、一時は身体つきもふっくらとしてきたのだが……。

白血病だけは克服できず、二〇一七年の初冬に〈麦〉は死んでしまった。最期は、

「疲れたから、ちょっと寝るね」

そう言ったかのように静かに目を閉じて、二度と目を開けることはなかった。

穏やかに逝ったので、Tさんは今でも〈麦〉が家の中で寝ているような気がするという。

Tさん夫妻の家では時折、ペンや眼鏡など、小物がなくなることがある。幾ら探しても見つからず、一度は諦めるのだが、必ず数日後に何度も探した場所から出てくるそうだ。

Tさん夫妻はその不思議な現象を〈妻のいたずら〉と呼んでいる。

現在は定年退職して悠々自適な生活を送っているTさんだが、会社員だった頃には出張が多かった。出張先では決まったホテルに泊まることになっており、関東地方の某市にあるホテルに泊まるときに限って、必ず異変と遭遇したという。

夜中になると、廊下から甲高い女の話し声が聞こえてくる。部屋や階が違っても、必ず近くから聞こえてくるのだ。語調からして日本語らしいが、何を話しているのか、内容はわからない。また、相手の声が聞こえないので、携帯電話を使っているようにも思える。

Tさんは不審に感じていたが、じきに静かになるため、気にしないようにしていた。

けれども、二〇一八年のある夜、女の話し声がいつまで経ってもやまないことがあった。気になって、なかなか眠れない。時計を見ると、午前二時を過ぎていた。

(迷惑な！　どんな女が話してるんだ？　顔を見てやれば黙るかな)

Tさんはベッドから起き出して、ドアを開けてみた。だが、廊下には誰もいなかった。

(はて……？　俺の気のせいだったのかな？　確かに声が聞こえていたのに……)

不可解に思ったが、廊下を睨んでいても埒が明かないので、ベッドに戻る。

横になって枕元の電灯を消そうとしたとき、女の甲高い声が部屋中に響き渡った。

「そんなに見たいかっ！　こんな顔だよっ！」

Tさんが足を向けている白い壁から、女の顔が突き出してきた。双眼が吊り上がり、唇が左右の耳の近くまで裂けている。開いた口の中からは牙が覗いていた。

鬼女の顔だ。

「うるさいのが嫌かっ！　それなら二度と聞こえないように引き込んでやるっ！」

女の胴と両腕が壁の中から現れる。白い着物を着ていた。

Tさんはびっくりして、身動きができなくなってしまった。女の身体が腰の辺りまで突き出してくる。掴みかかろうと、こちらに向かって細長い両腕を伸ばしてきた――。

（いかん！　捕まったら、連れていがれてしまうぞ！）

Tさんが狼狽していると、不意に横手から一頭の猫が現れた。小柄でふっくらとした身体つき、白とグレイの体毛――。

猫は音も立てずにベッドへ飛び乗り、布団に入ったTさんの足元に座る。

死んだはずの〈麦〉であった。

鬼女の動きが止まる。顔を醜く歪めて、呻き声を上げ始めた。

「ぐうう、うう……。邪魔な猫だ……。行けない……」

〈麦〉は鬼女を見上げていたが、威嚇の唸り声を発するわけでも、緊張して全身の毛を逆立てるわけでもなく、ただ静かに座っていた。Tさんにはどこか神々しい姿に思えた。

鬼女が苦悶の表情を浮かべ、悔しそうに唇を噛む。ほどなく現れたときとは逆に、腹から胸へ、両腕から頭部へと壁に引き込まれてゆき、その姿を消した。

(助かったのか……)

Tさんは大きく溜め息を吐いた。

「麦……」

いつの間にか、〈麦〉もいなくなっていた。Tさんはベッドから出て、〈麦〉を探したが、どこにもその姿はなかった。

「麦、俺を助けに来てくれたんだな。ありがとう!」


それ以来、Tさんは宿泊を伴う出張があると、どこへ行くにも生前に撮影した〈麦〉の写真を持参し、枕元に置いて眠ることにした。かのホテルにいかなる因縁があり、現れた鬼女が何者なのか、Tさんは調べてみたが、何もわからなかったという。しかし、その後、同じホテルに泊まっても、夜中に女の話し声を聞くことはなかったそうである。

名前を呼ぶモノ

北海道出身の女性Q子さんは、幼い頃から奇妙な体験をすることが多かった。近所の神社へ一人で行くと、狐の面が宙を飛んできて、追いかけ回されたことがある。小学校の校舎の壁一面に、アイヌの民族衣装を纏った髭面の男の、巨大な上半身が浮かび上がるのを目撃したこともあった。

小学四、五年生の頃、彼女が郊外にある自宅に一人でいると、

「こんにちは！　Q子ちゃん！　いる？」

大人の女の声で、はっきりと名前を呼ばれた。

聞き覚えのない声だったが、玄関のドアを開けてみると——。

目の前に巨大なエゾヒグマがいた。羆《ひぐま》はQ子さんと視線が合うと、すぐさま後ろ足で立ち上がった。身の丈はQ子さんの倍近くもあるように見えた。

（ああっ！　殺される！）

子供ながらに羆の怖さは話に聞いていたが、実際に生きた羆と鉢合わせするのは初めてであった。Q子さんは肝を潰して、ドアを閉めた。慌てて鍵も掛ける。

罷はドアに体当たりをしてきた。家が激しく揺れる。

だが、ドアは頑丈にできていたので、簡単に壊れることはなかった。罷は家の中には入ってこようとせず、引き揚げていった。

(あたしの名前を呼んだ女の人はどうなったのかしら?)

罷に襲われたのではないか、と心配になったので、家族が帰宅してから事情を話し、捜してもらったが、家の周辺には誰もいなかったという。


同じ現象がその後、中学生と高校生のときにも起きた。中学生のときには年老いた男の声に名前を呼ばれ、高校生のときには幼女の声に名前を呼ばれた。三回とも声が異なるが、確かに人間の声で「Q子ちゃん」と呼ばれて、一人で家にいるときに限って起こり、家の周りに人けはなく、罷が人の声を発しているとしか思えないことなどが共通していた。

忘れた頃に起こるので、二回ともドアを開けてしまったものの、どうにか無事に済んでいた。ただし、ドアに爪痕を残されたことはある。

Q子さんは成人になってからも、若い男の声で名前を呼ばれた。やはり聞き覚えのない声なので、今度は事前に危険を察知して、ドアを開けずにいると――。

「Q子ちゃん!　いるんだろう?　開けてくれよ!　Q子ちゃん!　Q子ちゃん!　Q子

ちゃん！　Q子ちゃん！　Q子ちゃん！　Q子ちゃん！　Q子ちゃん！　Q子ちゃん！」

男の声が、執拗《しつよう》に彼女の名前を呼び続ける。

そこでQ子さんは二階に上がって窓から外を見下ろしてみた。

玄関の前に大きな羆がいる。Q子さんはぞっとして、警察に通報した。その間も、

「Q子ちゃん！　Q子ちゃん！　Q子ちゃん！　Q子ちゃん！　Q子ちゃん！」

と、男の声が繰り返されていた。

しかし、警官と、要請を受けた地元猟友会の猟師たちが到着する直前に男の声はやみ、外は静かになった。

Q子さんはやってきた警官にこれまでの一部始終を打ち明けたが、警官は露骨に眉根を寄せて渋い表情を浮かべた。羆が人間の声でQ子さんの名前を呼んでいたことに関しては、信じてくれなかったようである。

「それが悔しくってねえ……」

心が傷ついたQ子さんは、一連の体験談を家族や友人によく話していたそうだ。

ところが、この一件から長い年月が経って——。

Q子さんは友人たちと山へハイキングに出かけた。濃霧が立ち込めた状況下で、彼女は

友人たちとはぐれてしまった。最後尾を歩いていたが、休憩場所に到着した友人たちが振り返ると、いつの間にかいなくなっていたという。

数日後、彼女は羆に身体の大部分を食われた無惨な遺体となって、発見された。道に迷って、独りで森の中を彷徨《さまよ》い歩いていたところを羆に襲撃されたらしい。

Q子さんはなぜ道に迷ったのか？　またしても名前を呼ばれ、森の中へ誘導されたのか？　すべては彼女が死んでしまったために不明のままとなった。

したがって、この話は彼女の友人から聞いた内容を基《もと》に構成している。

晩鳥狩《バンドリ》り《が》

昭和十年頃、冬のことである。

当時三十二歳だった猟師の虚蔵《むろぞう》は、晩鳥狩りに出かけた。夕暮れが近づく頃、雪に埋もれた山道で足を止めて崖を見上げる。岩の裂け目に生えた松の大木が、崖と垂直になるように横へ張り出していた。山の神が腰掛ける——といわれる木であった。

虚蔵が生まれ育った群馬県北部の山村では、山の神のことを〈十二様《じゅうにんさん》〉と呼ぶ。毎月十二日を「神が山の木を数える日」と定め、猟を休んで社《やしろ》に酒などの供物を捧げることから、そう呼ぶようになったらしい。

(お供えをしていごうか)

海から遠く離れた山奥に住む十二様は、海水魚のオコゼが大の好物なのだという。これは『醜女《しこめ》の神なので、より醜いオコゼを見ると喜ぶからだ』とか、『太古に行われた海と山との交易の名残《なごり》だろう』などと、説を唱える者たちがいるが、難しいことを考えるのが苦手な虚蔵にとっては、どうでも良いことであった。

ただ、彼も先人からの教えに従い、村にやってきた富山の薬売りから買ったオコゼの干物を和紙に包んで魚籠《びく》に入れ、猟に出るときはいつも持ち歩いていた。

オコゼを供えるときにはまず、左手で魚籠から出すふりをする。そして右手でオコゼをちらりと出して見せると、すぐにしまう。それだけで十二様は満足してくれるのだが、初めから右手で供えようとすると、腕ごと食われてしまう、と語り伝えられていた。ところが、この日の虚蔵はどうしたわけか、最初から右手でオコゼを出してしまった。

(いけねえ！　うっかりしていた！)

悔やんでも遅い。

だが、十秒、二十秒、三十秒と経っても、右手は無事であった。一分以上経った頃になって、ようやく虚蔵は安堵の溜め息を吐いた。

(何でえ……。腕を取られるなんて、迷信だったんきゃあ《だったのかよ》)

やがて短日は暮れて、宵の空に満月が輝き始めた。

虚蔵は晩鳥《バンドリ》(ムササビのこと)を狙って、雪が積もった雑木の森に身を潜めた。木々はすっかり葉を落とし、太めの枝は雪を被っている。

晩鳥は夜になると、「きゅ。きゅ」と鳴きながら飛膜を広げて飛んできて、広葉樹の梢の固い新芽を食らう。月明かりを頼りにそれを狙って、村田銃(単発小銃)で撃つのである。当時は毛皮が高く売れたし、肉も鶏肉に似た白身で美味くて、良い獲物であった。

この夜も二羽の晩鳥を撃ち落とし、三羽目に狙いをつけたところで――。

突如、森の奥のほうから、にぎやかな笛や太鼓の音が聞こえてきた。

(何だんべえ?《だろう》)

それは物凄まじい大音響となった。すぐ近くで演奏しているように思えるが、森の奥に目を凝らしても、演奏者たちの姿は見えない。その音は一層大きくなり、耳が痛くなってきた。

(こんな音をずっと聴いていたら、気が狂っちまう)

怯《ひる》んだ虚蔵は狩りをやめて逃げ帰ろうとした。松明《たいまつ》に火を点けて山道を下ってゆく。

〈十二様〉が腰掛ける、といわれる松の木の下までやってくると――。

冴えた月明かりを浴びて、松の木の上に座っている女の姿が見えた。天女が身に着けていたと伝わるような白い着物を着ている。腰まである長い髪を垂らしていた。

(あれが十二様か!)

虚蔵は驚いて立ち止まった。醜女だというが、長い髪と夜の闇に隠され、人相までは識別できない。そうこうするうちに、十二様の身体が宙に舞い上がった。

十二様に気を取られていると、唐突に暗闇の向こうから強烈な獣の臭いが漂ってきた。大きな黒いものが、ぬうっ、と歩み出てきて道を塞ぐ。

「わああっ！」

本来ならば冬眠しているはずのツキノワグマであった。しかも、体重二百五十キロはありそうな途轍もない大物である。

十二様がその背中に舞い降りるのを、虚蔵は見た。直後に熊が接近してくる。

虚蔵は銃を構える暇もなく、凄まじい力で押し倒された。

咄嗟に顔と頭を両手で庇う。

その右手に熊が激しく噛みついた。死を覚悟する虚蔵――。

熊は彼の右の手首を、ぼりっ、ぼりぼり……と大きな音を立てて噛み砕いた。しかし、生命まで奪おうとはせず、十二様を背中に乗せたまま、木立の中へ去っていった。

この怪我で右手首を失った虚蔵は銃を扱えなくなり、罠猟に転向したという。

「あの熊は、十二様の使いだったに違《ちげ》えねえ」

と、後年、彼は子や孫たちに語ったそうである。

参考文献　上州最後のマタギたち　酒井正保　著　群馬県文化事業振興会
歳時と信仰の民俗　都丸十九一　著　三弥井書店

犬捜し

平成の初め頃、冬のことだという。

当時四十歳だった男性Uさんは狩猟が好きで、自宅から十数キロ離れた山へ猪狩りに出かけた。ハルという五歳の雌の猟犬と、その弟の三太という三歳の雄をトラックの荷台に乗せて連れていった。雑種ながら、紀州犬の血を引いた、立ち耳巻き尾の犬たちである。

広大な森を貫く林道に入った。そこは舗装道路だが、しばらく進むと、舗装されていない細い枝道が見えてくる。Uさんはそちらへ車を進めた。道はなだらかな起伏を繰り返しながら、深い森の奥へと続いている。そこには多数のニホンイノシシが潜んでいるのだ。

車を駐《と》めて、二頭の猟犬をトラックの荷台から降ろすと、すぐに糞をした。

（これから戦いが始まるぞ！）

という緊張感が漲《みなぎ》っている証拠だ。

Uさんはライフル銃を肩に掛け、犬たちの手綱を持って道の奥へと進んだ。二頭は盛んに地面の匂いを嗅いでいたが、次第に手綱を強く引っ張るようになった。とくにハルは、早く行きたくてそわそわしている。

首輪から手綱を外してやると、犬たちは先に立って進み始めた。やがて猪の体臭を嗅ぎ取ったらしく、道から逸れて木立の中へ入ってゆく。あとは獲物がいれば犬が鳴いて知らせてくるので、声がする方角を目指せば良い。一方、犬の役目は、猟銃という強力な武器を持った猟師が辿り着くまでの間、遥かに大きな獲物と対峙し、噛みついては逃げ、逃げては噛みついて、獲物の足を引き止めておくことにある。

Uさんはハルと三太に何も教えなかったが、山へ連れてくるうちに、自然と狩りの技術を習得していったそうだ。

Uさんは耳を澄ませて、犬たちが吠えるのを待った。期待に胸が高鳴ってくる。彼はこの張り詰めた時間が堪らなく好きなのだ。車の音も人の声もしない森の中では、五感が冴えて、小さな生き物の動きが見えたり、遠くで獣が落ち葉を踏む足音がはっきりと聞こえたり、微かな匂いも嗅ぎ取ったりすることができる。それがこの上なく楽しいのだという。

まもなく、犬の鳴き声が聞こえてきた。

（よし、鳴いた！）

Uさんは木立の中へ駆け込んだ。沢を跳び越え、緩い斜面を駆け上がる。その間も犬たちの鳴き声は続いていた。この声がやめば、獲物に逃げられたことになる。

（長く鳴いてるな。上手いこと止めてくれているみたいだ。もうちょっとで着くぞ！）

ところが、その直後に鳴き声は途絶えてしまった。Uさんが少し落胆して待っていると、ハア、ハア……と荒く息を吐く音がして、ハルが戻ってきた。

「逃げられたか、ハル」

Uさんが話しかけると、ハルは尾を振りながら、ゲホン、と噎《む》せた。

「三太はまだ諦めずに追っているのか？　珍しいな」

猟犬は元来、雌のほうが向いているのか、あるいは年齢による経験の差なのか、常にやる気満々で執拗に獲物を追うのは、ハルのほうであった。人間に対しては優しく従順なハルだが、獣が相手となると極めて攻撃的になり、猪の子供くらいならたやすく噛み殺してしまう。逆に三太はスタミナがなくて、早めに追うのを諦めてしまうことが多かった。

じきに三太の鳴き声が響いた。Uさんは微笑んだ。

（あいつ、今日はやるじゃないか！）

木々の枝を掻き分けながら、声が聞こえてくる方角へ向かって走る。ハルも一緒だ。三太の鳴き声が一段とけたたましくなった。

Uさんは銃の安全装置を外した。まさに獲物まで、あと一歩に近づいたとき――。

「むっ……」

Uさんは立ち止まった。三太の鳴き声が途絶えたのだ。

(どうした……？　鳴け！　もう一度！)

三太の鳴き声は聞こえてこない。

(ここまで来て、逃がしたか。くそっ！)

Uさんは三太が戻ってくるのを待った。だが、五分ほど経っても戻ってこない。

(どうしたんだ、あいつ？　逃げた猪を追っていったのかな？)

先程まで鳴き声が聞こえていた方角へ進んでゆくと、深い谷へ出た。その向こうには小山が聳《そそ》り立っている。葉を落とした木々の間から、白い岩肌が覗いていた。断崖絶壁で、犬や猪は登れるのかもしれないが、人間には難しい。前進を諦めて、

「三太あ！」「おうい！　三太あああ！」

大声で呼んでみると、遠くのほうから、ワ、ン……と、幽かなひと声が聞こえてきた。

(あ、いるな……)

だが、それきり山は静寂に包まれてしまい、三太は姿を現さなかった。

(やけに遅いな。どうしたんだろう？)

笛を吹いて呼んでみる。今度は反応もなかった。

(ひょっとして、猪に斬られたか？)

猪の牙は刃物も同然である。まともに一撃を受ければ、犬などひとたまりもないだろう。

あるいは戦いの最中に崖から転落した可能性もある。Uさんは狩りを中止して、懸命に三太を捜し回ったが、夕方までに発見することはできなかった。

意外なことに、ハルは三太を捜そうとしない。ただずっとUさんに随行していた。おそらく三太のことは心配しているのだろうが、捜す術を知らないらしい。

皮肉なことに、その夜から大雨が降り始めた。

翌朝になっても雨はやまなかったが、Uさんは雨合羽を着て山に入り、捜索を続けた。狩りの戦友である三太は、我が子も同然なのである。

昨日近づいた断崖絶壁へと向かう。到着するなり、何度も三太を呼んでみたが、やはり反応はない。白い絶壁はハーケンとザイルがなければ越えられそうになかった。迂回して小山の後方へ回り込むことにする。その頃には雨がやんできた。

前進するうちに、澄んだ水が流れる谷川へ出た。

(もしかしたら、近くにいるかもしれない。動物は水場に集まるものだからな)

Uさんはこの日も銃を携行していた。銃口を白く曇った空に向けて、一発放った。猟犬は銃声に敏感である。三太が音を聞いて飛び出してくることに期待したが、対岸に生えた松の木の上からフクロウが一羽、飛び立っただけであった。

奥山には人にとっては何でもないのに、犬が踏み込んだら最後、出られなくなってしまう〈魔所〉があるそうだ。そこでは幾ら飼い主が呼んでも犬には声が届かない。運よく見つけ出された猟犬がいたものの、何があったのか、それ以後は怯えてばかりいて、狩りには使えなくなってしまった、とのことである。

　Uさんはそんな話をほかの猟師が書いた本で読んだことがあるが、ふと、この場所もそうなのかもしれない、と思ったという。

　結局、この日の捜索は徒労に終わった。Uさんの犬捜しは、その後も連日続いた。

　三太がいなくなって、五日目の明け方のこと。

　Uさんは奇妙な夢を見た。草原の向こうに雑木に覆われた小山があって、そこに三太がいる。遠吠えをしながら、Uさんを呼んでいる。その景色に見覚えがあった。

　三太が姿を消した森からは何キロも離れているが、予知夢と信じてそこへ向かう。現地に着けば、風花が舞っていた。道端に車を駐めて降りると、なるほど、枯れたススキの草原があって、その向こうに雑木に覆われた小山が続いている。Uさんは何度か叫んだ。

「三太あああ！」

　すると、ワ、ワン！　ワンワンワンワンワンワン……と、応答するように小山のほうから犬の鳴き声が聞こえてきたではないか。

（いたっ！　夢の通りだ！　本当にいたぞっ！）

Uさんはすばやく枯れ草の中を駆け抜け、小山の麓まで辿り着いた。道があるわけではない。山刀で、邪魔な蔓草や灌木を伐り払って、小道を造りながら前進した。

「おうい、出てこいよう！　三太あ、どこにいるんだああ！」

しかし、三太は現れず、鳴き声も先程の一度だけしか聞こえなかった。一時間以上も森の中を進み続けただろうか。

（変だな。これほど捜しているのに、どこにもいないなんて……）

諦めかけた頃、Uさんは叫び声を上げて、その場に立ち尽くすことになった。

倒木の陰に、ぼろきれのように横たわる白い犬の亡骸を発見したのである。肩には猪の牙を受けたらしい深い傷があった。血は乾き切っており、既に死んでから数日が経っているように思われた。どうやら、狩りで重傷を負った三太は、どこか目立たない場所に倒れていて、夜になってから息を吹き返したらしい。瀕死の状態で家に帰ろうとしたが、大雨でUさんやハルの匂いが消されてしまい、道に迷って力尽きたのであろう。

三太と、のちに天寿を全うしたハルの墓は、今もUさんの自宅の庭にある。

三太の亡骸を発見する前に聞こえた犬の鳴き声が何だったのかは、Uさんにもわからないという。

白い犬の夢

Aさんは三十代前半の男性で、十八歳の夏休みに普通自動車運転免許を取得した。当時は大学生で、車は親に買ってもらった。無性に車を運転したくなり、初秋の休日に友達を乗せて、ドライブに出かけることにしたという。

その当日、夜明け前のこと。Aさんは自室のベッドで眠っていて、夢を見た。奇妙なことに、夢の中でAさんは白い中型犬になっている。日本犬の雑種らしい。結末はひどい死に方をする。ただし、どんな死に方だったのか、夢だけに記憶が定かでない。夢の中でも死ぬことは苦痛で、ひどく魘《うな》されながら目を覚ました。

(良かった！　生きてる！　それにしても、嫌な夢だったなぁ……)

そうは言っても、たかが夢だ——と考えて、誰にも話さなかったそうである。

この日、Aさんは愛車に男女の友達を一人ずつ乗せて車を走らせていた。

「女の子がもう一人、いるといいよね」

Aさんの提案で、女友達が携帯電話で女子大生の学友を呼んでくれた。遠方から大学に通学するため、春先に移住してきた娘で、隣の市にアパートを借りて住んでいるという。

二つ返事で彼女が加わることになった。Aさんは隣の市まで車を走らせ、待ち合わせ場所にいた娘を乗せた。彼女はB子といい、かなり暑い日だったというのに、喪服のような黒い長袖の服を着ている。長身で痩せていて、黒々とした豊かな髪が腰の近くまで伸びていた。眉が濃く、鼻が高くて、顎が尖った、女性としてはきつめの顔立ちをしている。

（ちょっと変わった感じの子だな）

Aさんがそう思っていると、車内での会話から、B子が頻繁に怪異と遭遇する〈見える人〉であることがわかった。言われてみると、いかにもそんな雰囲気がある。

Aさんは車を運転するうちに、何となく地元方面へ戻ってきた。せっかくのドライブなので遠出をすれば良さそうなものだが、免許を取り立てで土地勘がない場所へ行くのは不安だったそうである。地元の町に入ったとき、Aさんは B子の能力を試してみたくなった。

「この辺で去年、殺人事件があったんだけど、どの家だかわかる？」

住宅地に挟まれた市道を走っていると、B子がある家を指差した。

「あそこでしょう」

二階建ての小綺麗な和風住宅で、狭い庭が金属製の低い柵で囲まれており、玄関は通りに面している。確かにそこが事件の起きた家であった。

「そう、だけど……。何でわかった？」

「だって、玄関の前に頭が割れた、血まみれの小父さんが立ってるもの」

Aさんは咄嗟に車を急停車させた。その家を凝視したが、玄関先には誰もいない。いや、見えないだけなのか？　ほかの友達二人も「見えないけどね」と真顔で言う。

その家では中年の夫婦と娘の三人が暮らしていたが、夫婦は年を重ねるにつれて仲が悪くなり、夫が妻に冷たく当たるようになった。暴力を振るうこともあったらしい。ノイローゼになった妻は、薪割り斧を購入してベッドの下に隠していた。そして夫が眠ったところを見計らって、斧を取り出し、力任せに夫の脳天目がけて振り下ろしたものである。

事件はテレビのニュースや新聞で報道されたが、現場はごくありふれた住宅地なので、遠方から初めて訪れたB子が事前に知っていたとは思えなかった。

(びっくりしたなぁ。本当に見えるんだ)

Aさんが唖然としながらも車を発進させると、助手席に座ったB子が語り出した。

「あの家の夫婦ね、前世でも夫婦だったのよ。旦那が悪い人で、奥さんにひどいことばかりして、早くに病気で死んじゃったの。遺《のこ》された奥さんは子供を抱えて苦労したのよ。それなのに、運命が決まっていて、現世でも結婚しちゃった。それで今度も旦那がひどいことをしていたので、前世から積もりに積もっていた奥さんの怨みが爆発したんでしょうね」

「ふうん」

「あたしの話、信じる？」

「……悪いけど、どちらとも言えないなぁ。死んだ人の霊が見えるのはわかったけど、それだけで本当に前世のことまでわかるの？」

Aさんの言葉に、B子はしばし黙り込んだが、やがてこう言った。

「A君、今朝、夢の中で犬になってたよね、白い犬に」

「えっ!?」

「その犬、死んだよね」

「う、うん……」

「それ、あの家の犬よ。かわいそうに、犬も事件のすぐあとに死んだのよ」

未明に見た夢のことは誰にも喋っていなかったので、Aさんは驚愕した。また、以前からその家の前を何度も通ってきたが、犬の姿や犬小屋が目に触れたことはなかった。

のちにAさんは、同じ中学校で一年先輩だった女性と会う機会があり、こんな話を聞いたという。

先輩はその家の娘と同級生で、友達同士であった。事件当日、何と、かの家へ遊びに行っていたそうだ。夜も更けてきたので帰ろうとしたとき、両親の部屋のほうから、ガタッ、ガタッ……と物音が聞こえてきた。そのときは気にすることなく帰ってきたが、あとから思うと、薪割り斧をベッドの下から取り出した音だったようで、寒気を覚えたそうである。

「その家に犬はいなかったですか？　白い雑種の犬が」

Aさんの問いかけに、先輩は目を丸くした。

「いたいた！　いたわよ！　でも、何でそんなことを訊くの？」

先輩の話によると――。

かの家の娘は、近所から白眼視されたことから、人目を避けるようになった。どうしても必要なとき以外は、できるだけ外出をしないようにしていた。

一方、庭で飼っていた犬は散歩に行きたがって、朝晩よく吠えた。首輪をリードに繋いでいたが、娘の姿を見ると庭を何周も走り回って、「散歩へ行こうよ！」と訴える。しかし、犬の散歩はとくに近所の住人たちの目に触れやすい。娘も連れ出してあげたいとは思っていたが、できずに苦悩していた。

「ごめんね。もうちょっと我慢してて。わかってよ」

ところが、犬は我慢できずに単独で庭から外へ出ようとして、とうとう柵を乗り越えてしまった。リードが柵に引っ掛かり、首を吊った状態になる――。

娘が餌を与えようと庭へ出て、異変に気づいたときには既に死亡していたという。

犬小屋はただちに処分した。娘にとっても辛《つら》いことだったので、早く忘れたかったのであろう。


（B子ちゃんの話が、そこまで当たるなんて！）

先輩の話を聞いたAさんは、改めてB子の能力を信じるようになり、

（前世も来世も、本当にあるんだな）

と、考えるようになった。

AさんとB子は恋人同士になることはなかったが、すっかり打ち解けて、その後もよく会うようになった。恋仲にならなかったのは、B子の風貌がAさんの好みに合わなかったからだという。

したがって、二人きりで会うことは滅多になかったのだが、初めて会ってから五年後のこと。郷里には帰らず、隣の市に住み着いて就職していたB子から、スマートフォンに電話がかかってきた。

「今から会わない？」

珍しく二人きりで食事をすることになった。一頻り他愛ない世間話をしたあと、

「あたし、もうすぐ死ぬんだ……」

いきなりそう切り出されて、Aさんは面食らった。

「何で？　どこか悪いのかい？　それなら、早く病院で診てもらったほうが……」

「違うの。気になったので、病院で検査も受けてみたけど、今はどこも悪くないの。だけど、近いうちに急に死ぬのよ」

「そんなことが……？」

「お医者さんにもわからないことが、あたしにはわかるの。でもね、すぐに生まれ変わってくるから。また必ずA君の近くに現れるから。必ず見つけてね」

「何言ってるんだよ。嫌なことを言うなよ」

Aさんは、このときばかりはB子の話を信じないことにした。

「人間なんだから、たまには外れることだってあるだろう。きっと、今回は外れるよ！」

B子は何も言わず、ただ寂しそうな笑みを浮かべただけであった。

だが、それからひと月ほどして、Aさんは昔見た白い雑種犬が出てくる夢を見た。そこでも犬はひどく苦しみ、死んでしまう。目を覚ましたAさんは、何やら嫌な予感を覚えた。

その日、B子は本当に死んでしまった。心臓の病による突然死であった。

Aさんが心に大きな打撃を受けたことは言うまでもない。しかも、共通する友達から聞いた話によると、B子はAさんのことを恋愛の対象として、片思いをしていたらしい。それを知ったAさんは、より深い悲しみに沈むことになった。

月日が流れて……。

一年以上経った頃、AさんはB子があの白い雑種犬を伴って、満面に笑みを浮かべながら海辺を歩いている夢を見た。犬も尾を振っていて、どちらも楽しそうに見える。

ようやくB子の死から立ち直ることができたAさんは、B子の言葉を信じて、彼女の生まれ変わりと会いたい、と願うようになった。

けれども、それらしい子供とは未だに出会えていない。

Aさんは、今もB子を探し続けている。

死んでしまった動物たち

本書のタイトルは『いきもの怪談　呪鳴』だが、集めたネタを作品化してゆくうちに、強く感じたことがある。〈いきもの〉の怪異を描くこととは、つまり、その死を描くことなのだ。ここでは殊《こと》に死をテーマにした話をまとめて取り上げてみたい。

ヒョウモントカゲモドキの夢

女子大生のJさんは、中学生の頃から三頭のヒョウモントカゲモドキ（レオパードゲッコー）を飼っていた。これはインド、パキスタン、アフガニスタンの岩山が多い砂漠に生息するヤモリの仲間である。昆虫が主食で、コオロギやミルワーム（ゴミムシダマシの幼虫）を与えると、よく食べる。性質がおとなしい上、尾を除いた体長が雄で十六センチ、雌で十三センチ程度までと、大きくならないことから、飼いやすい爬虫類として知られている。本来の体色は黄色と黒の豹柄だが、さまざまな色彩の品種が作出されている。

しかし、Jさんは東京の大学に進学し、地元を離れてペットの飼育が禁じられているマンションに住むことになったため、実家の母親Mさんに飼育を頼んでいた。Mさんも動物が好きで、大事に世話をしてくれていたらしい。

だが、二〇二一年の十二月、Jさんは未明に嫌な夢を見た。彼女は実家にいて、ヒョウモントカゲモドキがいる水槽を覗く。すると、二頭がこちらに近寄ってくるのだが、〈おはぎ〉と名づけた雌だけは奥のほうにいて、目を閉じてぐったりとしている。

「どうしたの、おはぎ？」

と、呼びかけながら掌に乗せてみると、おはぎは目を開けて、「今までありがとう」と日本語で言い、再び目を閉じた。

死んでしまったのである。

そこで覚醒したJさんは気になって、夜明け前にＬＩＮＥでMさんにこう伝えた。

『おはぎが死んじゃう夢を見たんだけど、様子を見てくれない？』

夜が明けてから返信があった。

Mさんが様子を見に行くと、本当におはぎが死んでいたのだという。飼育下では十五年ほど生きるといわれているが、入手したときには既に成体になっていたので、寿命だったのかもしれない。とはいえ、二日前に餌を与えたときにはよく食べて、体調が悪いようには見えなかったので、Mさんは驚き、落胆していたそうである。

秋田犬ココラ丸

作家の橋本純先生から提供していただいた話をしてみたい。

橋本先生が子供の頃、群馬県前橋市にあった実家は会社を経営していて、羽振りが良かった。家族は会社の創業者である曽祖父、祖父母、両親と姉、橋本先生の七人が同居していた。

それに加えて、祖父が秋田犬を飼っていた。都合三頭飼ったが、いずれも血統書付きで、品評会に出せるほど大事に世話をしていた。犬たちも家族によく懐いていたという。

ただし、橋本先生が覚えているのは、物心がついた頃から飼い始めた三代目のココラ丸と名づけられた虎毛の雄犬で、それ以前にいた太郎丸という白い犬のことは覚えていない。

ココラ丸のことを家族は〈コラ〉と呼んでいた。体高が七十センチ近くある雄犬であった。

コラの犬小屋は台所の隣に建てられていた。リードで繋いで、犬小屋の中と周りを動き回れるようにしてあった。中庭に通じるガレージ付近を見張る位置でもあり、コラは番犬として活躍していた。

隣の家に泥棒が入ったときにはすぐさま異変に気づき、大声で吠えて知らせたので、泥棒が何も盗まずに逃走したことがあった。

橋本先生の家にも、見知らぬ男が敷地に入ってきたことがあったが、コラが猛烈な勢いで吠えるので玄関に近づくことができず、引き揚げていった。秋田犬の吠え声は野太くて、リードで繋いであっても脅威を感じさせたらしい。あとで母親が近所の人々から聞いた話によると、その男はよその家にもやってきた、質《たち》の悪い押し売りだったそうである。

コラは家族に対しては甘えることもあり、本来は心の優しい犬であった。幼かった橋本先生が主の大事な孫であることを理解していたのか、あるいは自分の弟だと思っていたのか、少々手荒く頭や顔を撫で回しても、決して怒ることはなかったという。また、犬小屋の床に敷いた青い毛布が大のお気に入りで、その上でしか寝ようとしなかった。

橋本先生が十歳のとき、コラはフィラリアという蚊が媒介する病気に罹った。症状が重く、息をするのも苦しそうになってきた。そして夜毎に犬小屋の中で動き回り、毛布を引っ掻き回す音を立てるようになった。苦しくてもがいていたらしい。連日、獣医師に往診してもらっていたが、少しばかり苦痛を和らげることしかできなかった。当時の獣医学は現在ほど進歩しておらず、犬や猫は長生きできないものが多かったのである。

コラは手当ての甲斐なく、ついに亡くなってしまった。

橋本家ではコラのことを家族の一員と考えていたので、誰もが悲嘆に暮れた。困るのはそれから先のことだ。まだペットの霊園や遺体を焼く施設がなかった時代なので、どこかに埋葬するほかない。

結局、祖父はコラの大きな亡骸を裏庭に埋めて墓を建てた。過去に飼った犬たちが亡くなったときもそうしてきたし、祖父はコラが死んでも手元から離したくなかったらしい。

ところが、翌日の晩、橋本先生の母親がこう言い出した。

「さっきから、ガサガサガサガサ、変な音が聞こえるんだけど……。裏庭のほうから……。コラが毛布を掻きむしってる音みたいなんさぁ」

「馬鹿め！　そんなこと、あるわけねえだんべえが！　幽霊なんかいるものか！」

と、父親は吐き捨てるように答えた。

祖父も聞き流していたのだが、その夜のうちに橋本先生も同じ音を聞いて、気味悪く思ったという。

数日後には曽祖父までが「裏庭にまだいるぞ、コラが。俺も音を聞いた」と口にした。

それでも祖父は「そんなん、気のせいだよ」と苦笑するばかりであった。

だが、この日から一週間ほどして、祖父は持病の糖尿病と心臓病が同時に悪化したため、検査を受けるべく、病院へ入院することになった。

その間に、夜毎の異音に悩まされていた母親は、会社で雇っていた男性従業員の一人に頼んでコラの亡骸を掘り出させ、別の場所に埋め直してもらうことにした。遊び人だった父親は家のことに無頓着で、頼りにならなかったからだという。男性従業員は資材部のトラック運転手であった。彼は赤城山の裾野にあった会社の資材置き場へ亡骸を運び、酒と塩を供え、コラのお気に入りだった毛布も一緒に埋めてくれたそうである。

この一件は、祖父には内緒にしていた。墓を元通りに埋め戻しておけば、祖父には気づかれないだろう、と母親は考えたのだ。しかし、翌朝になって、付き添いで病院に泊まり込んでいた祖母から電話がかかってきた。

「お祖父ちゃんがね、昨夜《ゆうべ》、独り言で『コラの墓を移したんだな』って言ったんだよ。何でわかったんかねえ？　びっくりしたんよう」

母親は事前に曽祖父と祖母には、コラの墓を移転させる計画を伝えて承諾を得ていた。ただし、祖父にそのことを伝えた者は誰もいなかったはずなので、母親は震え上がった。とはいえ、病院から退院してきた祖父が母親を責めることはなかった。

それきり、コラがもがく音は聞こえなくなったという。

生前は家族の一員として大事に飼ってきたコラが、なぜ死後は家族を悩ませる悍《おぞ》ましい存在となったのか、その理由は未だにわからない。

けれども、祖父は何か思うところがあったようで、コラを最後に三代続けた秋田犬の飼育をやめた。犬好きなのは相変わらずで、遙かに小さな柴犬を飼うようになった。

「お祖父ちゃん、何で秋田犬を飼うのをやめたん？」

橋本先生が幾ら訊いても、祖父は笑ってごまかし、家族に真意を語ることはなかった。

そのまま八十歳で他界している。

赤城山の裾野に移したコラの墓は、家業で使ったトロ舟を被せて目印にしてあった。そこにはシマヘビが来て、長らく棲み着いていた。まるでコラの生まれ変わりのように――。

しかし、後年、その土地は他人の手に渡り、住宅地へと変貌していった。周辺の景色も一変して、かつては隣に大きな牛舎と農家があったが、同じく住宅地になってしまった。

コラの墓はもはやどこにあったのか、わからないそうだ。

チル

F子さんの祖父母は、〈チル〉と名づけたヨークシャーテリアを長年にわたって飼っていた。十六歳になったチルは高齢と持病から、歩くことも儘《まま》ならなくなり、介護が必要になった。年老いた祖父母には世話をするのが困難になったため、F子さんの家で預かることになったという。

チルは幼い頃からF子さん一家のこともよく知っていたので、住まいが変わっても嫌がる風はなかった。わけてもF子さんの父親にはよく懐いていた。大好きな祖父母のことも気になっていたはずだが、事情を理解しているのか、F子さんの家に来てからもそれなりに楽しそうに過ごしていた。元来、聡明な犬なのである。

ところが、まもなく病状が悪化して、寝たきりになってしまった。それでも背中を撫でてやると尻尾を振り、顔を上げてこちらを見る。その表情は微笑んでいるようであった。

別れは唐突にやってきた。

数日前から体調が良さそうで、死の気配は感じられなかったが、その日の夕方、急に呼びかけても反応が鈍くなり、眠るように静かに息を引き取った。

父親が祖父母の家に、チルの最期を知らせようと電話をかける。すると、父親が用件を告げる前に、電話の向こうから祖母が言った。

「チル、死んだんだね」

祖母の話によれば、これより数分前に玄関の呼び鈴が鳴ったそうだ。来客かと思った祖母が、「はあい！」と返事をしてドアを開けると――。

チルが勢いよく家の中に駆け込んできた。

「チル！　走れるようになったの？　元気になったんだね！」

祖母は驚きながらも喜んで後を追いかけた。

チルが向かった居間へ行ってみると、その姿がない。居間にいた祖父に、

「今、チルが元気になって帰ってきたのよ！」

そう告げると、祖父も喜んでチルの姿を探したが、どこにもいなかった。

チルを連れてきたであろう父親の姿も見えない。

「どこへ行ったのかねえ？」

「おかしいわねえ……」

二人が首を傾げていたところへ、電話が鳴った。

父親の声を聞いたのと同時に、祖母は悟ったそうだ。チルが家に駆け込んできたのは、ちょうどF子さんの家で臨終を迎えた頃だったのである。実に鮮明な、生きていたときと変わらぬ姿をしていたため、本当にチルが帰ってきたのだと、祖母は思ったらしい。

「元気に走る姿を、最期に大好きだったお祖母ちゃんに見せたかったのかなぁ？」

と、F子さんは言わずにいられなかった。

家族全員が——父親までもが妻子の前で——泣いていた。優しくて聡明な犬らしい最期

だったな、と思えて、忘れられないできごとだという。

なお、呼び鈴を誰が鳴らしたのかは、わからなかったそうである。

〈謝肉祭〉がある会社

五十代の女性Zさんは、かつて製薬会社で働いていた。そこは広い敷地内に研究所と製造工場がある。Zさんは製造工場の社員として入社した。男女の新入社員六名は、入社初日に社内全体を見学して回ることになっていた。

工場と研究所との間に大きな焼却炉がある。

そこまで行くと、案内役の男性社員が焼却炉の扉を開けた。

「はい、中を見て！」

焼却炉の中はすべて焼けた骨であった。山盛りになっていて、頭蓋骨が判別できるものもある。ここではビーグル犬とウサギが研究所での実験に使われており、それによって死亡した動物たちを社内で焼却処分していたのである。

「ん……？」

Zさんをはじめ、女性社員は全員が大きな悲鳴を上げて、目を背けた。

案内役の男性社員が口を尖らせる。

（何でえ。こんな程度で悲鳴かよ）

とでも言いたげな呆れ顔だ。

「ああ、ごめん」

謝ってきたが、心の籠もっていない声であった。

（こういう人が案内役なのか。変な会社だな……）

それがこの職場に対して、Zさんが抱いた第一印象だったという。

この会社では年に一度、僧侶を呼んで死んだ動物たちの供養を行っていたのだが、その行事は「謝肉祭」と呼ばれていた。

（名前のつけ方が絶対におかしい！）

と、Zさんは思っていた。

しかし、勤務時間や給料などに不満はなかったので、四年間ほど働いていたという。

Zさんの仕事は、でき上がった製品を箱詰めする作業であった。

ある日、彼女は薬の能書《のうしょ》（説明書）を畳む作業を担当していた。これは専用の機械を操作し、箱の形に合わせて紙を一枚ずつ折り畳む。一人でやるのだが、その最中に忽然と背後の空気が動き、何かが通った気がすることがあった。

振り返ってみても何もいない。そういったことが頻繁に起きていた。気にはなったが、昼間のことなので恐怖を感じるほどではなかったそうである。

この会社では、年に一度、社員旅行も催された。だが、大人数で集合してバスで移動することはなく、社員は全員が現地集合、現地解散と決められていた。バスで大事故に遭って社員が全滅した場合、研究部門が立ち行かなくなるから、というのが理由であった。

現地ではソフトボール大会やパーティーが行われ、二千円分の商品券がもらえる。もっとも、常日頃から社員同士の交流が少ない職場なので、盛り上がらないことが多かった。

Zさんは一度、パーティーの幹事になったことがある。せっかくなので盛り上げようとしたが、一時間と経たないうちに話題が尽きてしまった。そこで皆に、

「能書折ってるときにさぁ、後ろを何かが通る気がしない？」

と、話を振ってみた。以前から気になっていたので、この機会に訊いてみたいと思っていたのだ。それほどまでに普段、社員同士の会話が少なかったわけである。

「あっ、する、する！」

「それ、あたしも前から思ってたんだ！　よくあるよね！」

珍しいことに、その場にいた全員が身を乗り出してきた。

そして古株の社員が教えてくれた。

工場内には赤外線ドアがあり、そこを通るとセンサーが作動してブザーが鳴る。ところが、残業で夜遅くまで工場に残っていると、何もいないのに、ピーッ！　とブザーが鳴ることがあった。会社の性質上、虫も入れさせないほどの厳重な構造になっており、ごく稀にゴキブリなどの虫が侵入することはあるが、滅多にない。にも拘らず、夜中にブザーが鳴ることが頻繁に発生している。

過去には、ビーグル犬が走り、ウサギが跳ね回る姿をよく目撃して、

「大変だ！　捕まえなきゃあ！」

と、騒ぐ者もいたが、じきに犬もウサギもどこへ行ったのか、いなくなってしまう。ほかの社員には、それらの姿は見えていなかったという。

この会社はのちに遠く離れた地域へ移転することになったため、Zさんは退職した。

工場跡にて

二〇一九年に群馬県安中市で起きたできごとである。

Sさんが現在働いている会社は、スクラップ工場の跡地を借りて、使い古した機械を置

いている。中にはフォークリフト二台も含まれていた。バッテリーを替えればまだ使えるものの、そのバッテリーが百二十万円もする。それで長いこと放置していたのだが、壊れたバッテリーを取り除き、汚れて破れた座席シートを取り替えて海外に売ることになった。

その作業のため、Sさんは単独で現場へ向かった。敷地に入った途端、

（うっ！　こりゃあ、ひでえな！）

激しい異臭が襲ってきた。動物の死骸が放つ腐敗臭である。

我慢して二台のフォークリフトが並んだ場所まで行くと、どうやら臭いはそのうちの一台から漂ってくるらしい。犬か猫か、あるいは狸やハクビシンなどの野生動物が死んでいるようであった。

（とんだ貧乏籤《びんぼうくじ》を引いたなぁ……）

臭いからして、かなり腐敗が進んでいることが予想される。相当不潔で不快な作業になることを覚悟しなければならない。

それでもSさんは意を決して、フォークリフトに近づいた。車体の周囲を見回したが、動物の死骸は見当たらない。ぼろぼろに劣化した座席シートを外してみても、中には何も入り込んでいなかった。ただし、強烈な臭いだけは漂ってくる。

念のためにもう一台も調べたが、やはり異状は認められなかった。

このスクラップ工場は既に廃業しているものの、地主は同じ敷地の隅に建てた家に今も住んでいる。Sさんも面識があった。

(あの人、これが気にならねえのかな?)

Sさんは不可解に思いながらも、作業が済んだので会社へ引き揚げた。彼が異臭について報告したため、別の社員が様子を見に行ったが、帰ってくると意外なことを口にした。

「全然、臭わなかったよ」

「そんな馬鹿な!」

Sさんはもう一度、現場へ行ってみた。

なるほど、少しも臭っていない。シートの交換から二時間ほどしか経っていないし、原因となるものを取り除いたわけでもないのだ。

地面はコンクリートで固められており、地主が殺虫剤を散布しているのか、どこにでもあるはずの蜘蛛の巣さえ見当たらない。生き物の気配が感じられない場所なのだという。

クレーン車を使い、フォークリフトを動かして下の地面まで念入りに調べたが、原因はわからず仕舞いであった。

犬を写すと、

北海道出身在住で三十代の女性Tさんの実家は、ビート畑や小麦畑がどこまでも広がる農村にあった。同じ集落には、ほかに三軒しか民家がなかった。

Tさんが五、六歳の頃、夕方になると、よく赤い着物を着た日本人形のような幼女が庭や家の中に現れた。こちらを見ているだけで、一緒に遊んだり、喋ったりしたことはなく、いつの間にかいなくなる。それは主に幼児の頃に見えるとされる空想上の友達、イマジナリーフレンドだったのか、一年ほどで現れなくなった。

しかし、その後、Tさんは寝起きに身動きができなくなる現象に屡々《しばしば》悩まされた。夏に自室で昼寝をしていて目が覚めたとき、出し抜けに現れた白装束の女から、ただひと言、「殺す！」と大声で言われて震え上がったことがある。女は彼女の真横を通って、壁の中に吸い込まれるように姿を消した。

Tさんの母親も早朝、農作業に出かけようして着替えている最中、突然、身動きができなくなり、家の中にいないはずの大勢の靴音を聞いたことがあったという。

自宅で怪異が起こることは日常茶飯事で、近所の家々でも同じような現象が発生していたらしい。だが、ほかの家々と合同で御祓いを受けることはなかった。すべての家が移住者同士で、近所づきあいは良く言えばさっぱり、悪く言えば薄かったそうである。

Tさんは高校生になると、祖父からフィルム式の高価な一眼レフカメラを譲り受けた。うれしくて、よく写真を撮っていた。

夏の午後のこと。

実家ではボーダーコリーの血を引いた雑種の中型犬を飼っていた。体毛が白黒の雄犬で、名をタキという。庭に犬小屋があり、普段はその前にリードで繋いでいた。

Tさんは、当時四歳だったタキの写真を撮ろうと思った。

犬小屋の後方に車庫がある。扉が開いていて、外が夏の日差しを浴びて明るい分、中は真っ暗であった。当然、Tさんがファインダーを覗いたときも、車庫の中は真っ暗に見えた。タキが楽しそうに尾を振っている。Tさんはカメラのシャッターを切った。ファインダーを通して見たその光景は、光の差し加減が絶妙で、タキの姿が輝いて見えた。

(これはいいわね！　きっと、今までで一番綺麗に撮れたでしょう！)

何日か経って、Tさんはフィルムを現像プリントに出した。

でき上がった写真を見たところ――。

真っ黒なはずの車庫の中に、テレビの画面を思わせる長方形の枠があって、その中に大小の歯車が写っている。二つの大きな歯車の間に、三十がらみの男が頸部を挟まれていた。男の胴体は見えない。青ざめた細い顔が、苦しそうに歪んで口を開けている。悲鳴を上げているようだ。しかし、撮影中にそんな光景は見えなかったし、悲鳴も聞こえなかった。

男の横には、髑髏《どくろ》の顔をした異形が立っている。ぼろぼろの黒い衣を身に纏い、男の首を斬らんと大鎌を手にしていた。

Tさんは悪寒に襲われ、数分間、棒立ちになってしまう。

(何で、何で、こんなことになるの？　せっかくいい写真が撮れたと思っていたのに……)

それでも、タキは何も気づいていないのか、普段と変わらぬ平穏な表情で写っていた。母親に同行してもらい、実際に庭へ出て確認してみたが、車庫には誰もいなかった。タキも穏やかな表情を浮かべている。Tさんはその写真を封筒に入れると、机の抽斗《ひきだし》の奥に仕舞い込んで、忘れることにした。

秋になって――。

近くの家の主が、首を吊って自殺した。

翌年も秋になると、別の家の主が首を吊って自殺している。

北海道の農家は春に多額の借金をして仕事を開始する。秋になって収穫量が少ないことがわかると、借金の返済に頭を悩ませることになる。それが自殺の原因らしいが、二人とも夏の終わり頃から、

「今日も歯車が浮かんでるな……」

「死神が近づいてくるようだ」

などと、意味不明の言葉を呟くことがあったそうだ。死亡した二人の遺族が、そう話すのを葬儀に参列した人々が聞いている。Tさんはそんな話を両親から聞いて驚倒した。タキを撮影した写真に写っていた歯車と異形を連想させたからである。

（あの写真は、持っていてはいけないものなんだ！）

Tさんは両親に事情を説明して、写真を供養してもらおうと決意した。それで久々に、机の抽斗に仕舞い込んであった写真を取り出そうとしたところ――。

幾ら探しても見つからなかった。封筒ごとなくなっていたという。

幸い、Tさんの家では、これといって悪いことは起こらずに済んだ。自殺者が出た二軒の家は犬を飼っていなかったので、後年になってから、

（もしかしたら、タキがいたおかげで我が家は無事だったのかもしれないね）

と、Tさんは思ったそうである。

ばらきさんには近づくな

東京都在住で五十代の男性Ｊ・Ｗさんは、幼いときから不可思議な体験をしてきた。四、五歳の頃、夜中にふと目を覚ますと、天井や壁に人とも獣ともつかない顔が無数に浮かび上がって、赤や青に光っているのが見えた。驚いて横で寝ている母親を起こしたものの、

「どこにいるの？　そんなもの、いないじゃない」

と、否定された。

また、部屋の隅に母親が趣味で弾くエレクトーンが置いてあったのだが、夜中にそれと重なるように男と思われる大柄な人影が現れたこともある。人影の腰から下は見えず、上半身だけがエレクトーンの上に突き出していた。ただそこにいるだけなのだが、気になってしまい、朝まで眠れずにいると、夜が明けてきた頃に人影は溶けるように消えていった。

両親に話しても、首を傾げるばかりである。それで子供心に悟ったという。

(僕には、みんなに見えないものが見えるんだ)

Ｊ・Ｗさんは、ほかにも幼少期から少年期にかけて度々、不可思議な体験をしてきたが、本書のテーマからは逸れるできごとが多いので割愛する。

彼が大学生になった春の晩、平素は飄々《ひょうひょう》とした父親が妙に改まった態度で言った。

「そろそろ、おまえには話しておこう。いいか、大事な話だぞ」


昭和十六年生まれの父親がまだ幼少の頃、W家は上野と浅草の間——東京メトロ銀座線の稲荷町駅近く——に住んでいた。太平洋戦争末期のことらしい。

夜更けに来客があった。

「こんな時間に誰かねえ?」

祖父が先頭に立ち、父親やその姉三人——J・Wさんにとっては伯母たち——も好奇心を覚えて玄関へ行ってみると、異様な出で立ちをした男が四、五人、立っていた。頭から足の先まで白装束である。

当時はまだ三、四歳だった父親はぼんやりとしか覚えていないのだが、伯母たちはよく覚えていて、〈山伏〉のような格好だった、と証言している。子供心に、何もかも白一色の服装だったので、とても奇妙に思えたそうだ。

「おまえたちは奥へ戻っていなさい。お母さんと一緒にいなさい」

祖父が子供たちにそう言いつけた。そして祖母に「話をつけてくる」と言って出かけていった。祖父はその夜、家に帰ってこなかった。

翌朝早く、祖父はげっそりと疲弊した顔つきをして帰ってきた。伯母たちが心配して、「どうしたの？　あの白い人たち、誰？」と訊くと、祖父は答えた。

「御眷属《ごけんぞく》さんだよ。うちでは祀れないから、お帰りいただいたんだ」

父親よりも年上とはいえ、当時はまだ少女だった伯母たちも、何のことかよくわからなかったが、祖父はそんな意味の言葉を口にしたという。

伯母の一人の話によれば、祖父は不可思議な現象が〈かなり見える人〉で、その類いのモノたちから好かれていた、だから眷属が近寄ってきた、というのである。祀れば家は栄えるだろうが、未来永劫まで守っていかなければならない。祖母は大雑把でいい加減な面があるので、しっかりと守り続けることができるとは思えない。だから祖父が断って〈お帰りいただいた〉とのことであった。

だが、眷属はそれからも数年おきに訪ねてきたらしい。

「今夜、御眷属さんが来るみたいだ。また朝まで戻れないだろう」

祖父は事前に察知できるようになっていて、その度に一人で家を出てゆき、翌朝、人相が変わるほど疲れ切って帰ってきた。

眷属が訪れるようになって、十年目のこと。

祖父は仕事へ行く途中、路上で倒れ、四十九歳で突然死を遂げた。死因は脳溢血とされている。しかし、祖父が身に着けていた衣服には、白い獣の体毛が大量に付着していた。当時、W家では犬や猫を飼ってはいなかった。そのため、突然死の原因は眷属と関係があるのではないか、と遺族たちは考えて畏怖《いふ》したそうである。

さらに父親はこうも語った。

「御眷属さんのことは、〈ばらきさん〉という。うちの一族からは時々、お祖父ちゃんのような能力を持った男が出てきて、一方的に気に入られることがあるようだ」

祖父が早世したことから、父親もそれ以上、詳しいことは聞かされていなかった。とにかく、W家にとって〈ばらきさん〉は鬼門なので、絶対に関わってはいけないという。

「とくにWの姓と、先祖代々の血の、両方を受け継いだ男が危ない。俺にはそういう能力がないから良かったが、おまえには能力がある。決して〈ばらきさん〉には近づくな」

父親はいつになく真剣な表情で、W家が氏子になっている神社の御札と、塩を入れた小袋を常に持ち歩くように、と告げた。

（そんなに怖い相手なら、避けるためにも、もっと詳しい情報が必要だな）

そう考えたJ・Wさんは社会人になってから、伯母や従姉たちからも話を聞いてみた。

そして〈ばらきさん〉は漢字だと、〈原木さん〉か〈原木山〉と書くらしいことを突き止めた。実際には平地だが、千葉県市川市に〈原木中山《ばらきなかやま》〉という東京メトロ東西線の駅がある。どうもその地域と何らかの関連があるように思われた。とはいえ、インターネットの地図や航空写真を見ながら、これまでに何度となく調べているが、眷属と関連がありそうなものは何も発見できていない。

W家は現在、男性は父親、分家の叔父、J・Wさん、彼の息子の四人しかおらず、叔父の家に生まれたのは女性二人で、伯母三人と叔母一人の子たちも、ほとんどが女性である。正確には、父方の従兄――伯母の息子――は二人いたが、どちらも祖父同様、〈見える人〉で、若くして急病死を遂げている。やはり遺体の衣服には、飼っていないはずの白い獣の体毛が付着していた。従姉妹は七人いるものの、一人もW姓を受け継いでいない。

J・Wさんには大学生の一人息子がいる。既に「絶対に関わるな」と伝えてあるそうだ。

ところで、J・Wさんは〈お稲荷さん〉の存在に気づかないことがあるという。彼が生まれ育った実家は現在、東京都A区にあるが、そこにいた頃には起きなかった現象である。J・Wさんは二十七歳で実家を出て、埼玉県と東京都の四ヶ所に住んだあと、現在の東京都東部にある分譲マンションを購入した。以来、二十年間、そこで暮らしている。

実家を出てからというもの、どこに住んでもすぐ近くに稲荷神社がある。東京近郊には稲荷神社が多いので、それ自体は奇妙なことではないのだが、どの住まいも入居前に近所の下見をしていながら、初めは稲荷神社があることに気づかない。住み始めてから、

（こんなに近くにあったのか⁉）

と、驚く。

とくに現在の住まいは隣の一戸建て住宅が、小さな祠ながらも目立つ場所に稲荷を祀っている。だが、住み始めて一年ほど経つまで、その存在に気づかなかった。

（お稲荷さんから、見えないようにされているのかな？）

現在のマンションに住んでからわかったことだ。おまけに、何度か近所で白装束の山伏を思わせる出で立ちをした男たちの姿を見かけて、不穏な気配を感じたことがあるという。

さて、J・Wさんの妻は現在四十代後半で、三人姉妹の末娘に当たる。妻が生まれる前のこと。彼女の実家も東京都内にあり、長姉と次姉が近所の子供たちと遊びに出かけて、次姉だけが皆とはぐれてしまった。帰ってこないので家族や近所の人々が総出で捜し回ったが、なかなか見つからず、警察に捜索願いを提出している。やがて次姉は近くの小学校のプールに沈んで死んでいるのが発見された。

当時は学校の施設管理が甘かったので、幼児がプールに入り込むことも可能であり、警察は事故死と判断を下したが、おとなしい幼児だった次姉が、なぜ一人でそんな場所に入り込んだのか、遺族にとっては信じられないことだったという。

四十九日が過ぎたある日、妻の母親――J・Wさんからすると岳母――が、未明に眠っていると、夢に次姉が現れ、光に包まれて家の仏壇の中に入ってゆくのを見た。同じ時間帯に同じ夢を近畿地方に住んでいる岳母の母親も見たそうで、朝から電話で伝えてきた。ほどなく岳母が懐妊していることがわかり、生まれたのが妻である。そのため、妻は亡くなった次姉の生まれ変わりだと、家族から聞かされて育った。

出生からして奇異な一面を持った妻には、生まれつき怪異を見る能力があるらしい。

一人息子が二歳になろうかという頃、現在も住んでいる分譲マンションでのことだ。夜中に突然、息子が激しく泣き出し、室内で飼っていた二頭の犬が唸り声を発し始めた。それらの声で眠っていたJ・Wさんは目を覚ました。

寝室は蛍光灯を消して、オレンジ色の光を放つ豆球のみを点けてある。薄暗い室内で、妻が隣接したリビングルームのほうを凝視している姿が見えた。

「何だ？　どうした？」

「蜘蛛がいるの！」

リビングルームのベランダに面した掃き出し窓に厚手のカーテンが掛かっている。そこに巨大な黒っぽい蜘蛛がしがみついているのだという。

確かに、アシダカグモという日本最大級の蜘蛛は、よく人家に入り込み、ゴキブリなどを捕食する。もっとも、東京近郊では蜘蛛が冬眠している真冬のことなのである。

J・Wさんがそちらを凝視すると、なるほど、何かがカーテンにぶら下がっていた。J・Wさんは視力が良くないのだが、不思議とこのときは光っていたわけでもないのに、全容がはっきりと見えた。

それは蜘蛛ではなく、人間の手であった。J・Wさんは手が大きなほうだが、それに匹敵する大きさの手なのだ。その上、毛深い。五指を広げており、カーテンを掴んではおらず、高さ一・五メートルほどの部分にくっついている。

「あれは蜘蛛じゃない。手だ！」

「いや、あれは蜘蛛よ！」

妻は蜘蛛だと言い張る。

それは五指を動かし、カーテンを攀《よ》じ登り始めた。

（こいつはまずいな）

J・Wさんは眼鏡を掛けて寝室の蛍光灯を点けた。リビングルームへ移動し、そこも蛍光灯を点ける。室内が明るくなると――。

蜘蛛か、あるいは手と思われたモノはいなくなっていた。

じきに息子は泣きやみ、犬たちも唸るのをやめておとなしくなった。

「今の、一体、何だったんだ？」

J・Wさんは室内に塩を撒き、それをモップで拭いて片付けると、窓を開けて換気を行った。氷を含んだかのような冷気が流れ込んでくる。一分ほど我慢して窓を閉めた。

妻の話によると、カーテンにいたのは、アシダカグモよりも大きな、タランチュラ（正式にはオオツチグモ類）を思わせる黒っぽい蜘蛛だったという。妻は母方の祖父母が近畿地方に住んでおり、そこへ遊びに行くと、家の中でよくアシダカグモと遭遇したそうだ。実際、南方系の外来種で西日本のほうが東京近郊よりも数多く生息している。見慣れているので、それよりも段違いに大きな蜘蛛だと、すぐにわかった、とのことだが……。

J・Wさんには毛深い人間の手、それも親指が向かって左側にあったので、右手に見えた。

現在の住まいで怪異が発生したのは、これまでのところ、この一件だけである。

さて、ここでJ・Wさんが飼っていた二頭の犬について、触れておきたい。

一頭は赤毛のウェルシュ・コーギー・ペンブローク。もう一頭は黒毛のミニチュア・ダックスフント。二頭ともメスであった。

コーギーはJ・Wさんが三十歳の春に、ダックスはその半年後に飼い始めた。

コーギーはたまたま通りかかったペットショップのウインドウの中にいて、J・Wさんが覗くと、息急《いきせ》き切ってこちらに駆け寄ってきた。J・Wさんが立ち去ろうとすれば、キャン！　キャン！　と鳴く。「待って！　行かないで！」と言っているようであった。

「抱っこしてみますか？」

様子を見ていた店員に勧められ、抱いてみると、J・Wさんの腕に顔を乗せて気持ち良さそうに目を瞑る。降ろそうとすると、嫌がって鳴き出す。一向に離れようとしなかった。

「そうか。そんなに俺のことが気に入ったのか……。じゃあ、うちに来るか？」

それまでは犬を飼うつもりなどなかったのだが、その場で飼うことに決めた。

当時は結婚前で、交際していた妻がコーギーを見に来て、こう提案した。

「独りじゃあ昼間、寂しそうだから、友達を作ってあげたら、どう？」

妻が犬のブリーダーを見つけてくれたので、二人でコーギーを連れてそこへ行き、コーギーに興味を示して近づいてきたダックスを飼うことにした。

二頭とも初めはJ・Wさんが一人で住んでいた借家で暮らし、子犬の時分には室内の物を壊しまくった。二頭が成犬になってからJ・Wさんは妻と結婚し、息子が生まれている。

息子が生まれた日、J・Wさんが病院から一旦、二頭の世話をするために帰宅したところ、二頭は事情がわかっているのか、せわしなく室内を歩き回っていた。J・Wさんが病院へ戻ったとき、息子は既に生まれていたという。

妻が息子を連れて自宅に帰ってくると、二頭とも息子がいるベビーベッドの周りを行ったり来たりしていた。やがて息子をベビーベッドから出して、床に布団を敷いて寝かせるようになると、コーギーはよくその近くで〈伏せ〉をして一緒に寝るようになった。

「この子は私の弟だから。手を出さないでね」

そう言っているかのように――。

息子のおむつが汚れていると、鳴いて知らせてくれることもあった。

犬たちを連れて家族全員で散歩に出かけるときは、必ず二頭が先に立って、後ろから来る息子が乗ったベビーカーを何度も振り返りながら歩いていた。いつも彼のことを気にかけていたらしい。

ただし、コーギーは常に息子を守ろうとしていたのに対し、ダックスは息子にちょっかいを出したり、出されたりして〈姉弟喧嘩〉をすることが多かった。いきなり抱きついたり、尻尾を引っ張ったりする〈弟〉の振る舞いを、やや苦手としていたようである。息子が成長するにつれ、喧嘩をすることはなくなった。

二〇一一年三月十一日、東日本大震災が発生している。

そのときJ・Wさんは勤務先にいたが、妻と息子、犬二頭は自宅にいた。息子は小学四年生で、犬たちは年を取っていたものの、まだ自力で動くことができた。地震が来て、息子がすばやくテーブルの下に潜り込むと、犬たちも一緒にテーブルの下に入ってきた。すぐ横の棚の上に買ったばかりのテレビが置いてあった。それが落下しかけたので、息子は机の下から懸命に手を伸ばし、テレビを押さえた。地震がやむと妻は、息子と犬たちを連れて最寄りの公園へ避難したが、大きな被害はなく、自宅に戻ることができた。

ダックスは翌年の二〇一二年七月に十三歳で、コーギーは翌々年の二〇一三年二月に十四歳で死去した。どちらも最後の数年間は病に苦しめられ、闘病生活を送っていたので、J・Wさんたちも苦しみ、心が暗くなったという。

二頭の死後、ダックスの尾骨の一部と、コーギーの牙の一本をロケットの中に入れて、キーホルダーを作った。息子から「思い出になるものが欲しい」とせがまれたためだ。彼は小学生のときからバレーボールをやっていたが、そのロケットをバックパックの中に忍ばせて試合会場に行くのが常となった。持参するのを忘れると、試合で苦戦することが多く、負けてシード権を失ったときも持参していなかったそうである。

J・Wさんは二頭が死んでからの数年間、家の中に彼女たちがいる気配を感じたり、足音を耳にしたりすることがよくあった。

ダックスは生前、冬になると毎夜、J・Wさんの布団の中に潜り込み、足にくっついて眠っていた。死後もJ・Wさんが夜中にふと目を覚ますと、布団が少し捲れて何かが入ってきた感触を覚えることがあった。もちろん、布団を捲ってみても、何もいない。

コーギーは、フンッ、と鼻から息を出す癖があったが、それが夜中によく聞こえた。息子も中学生の頃に一度、「あいつら、まだいるね」と言ったことがある。

息子は中学三年生の夏に、北陸地方で開催されたバレーボールの全国大会に出場した。彼が通う私立中学校は、バレーボール部に経験者が集まる強豪校で、この年も東京都大会第三位、関東大会第三位で、全国大会に進出している。息子はチームの主将を務めていた。だが、その大事な大会で彼は、犬たちの形見のロケットを自宅に置き忘れた。あとから世話役として保護者も合流する予定なので、J・Wさんがそれを届けることになった。

全国大会はまず予選グループで二試合を行い、いずれも勝利を収めた。その後、試合会場の近くに東京の母校に関連した広い公園があるので、チーム全員でそこを訪れることになった。しばし公園で過ごしてから、主将である息子は皆と別れて、決勝トーナメント戦の抽選会に監督と出席するべく、試合会場へ戻った。ところが、急に体調が悪くなったらしい。抽選会が終わったときには顔面蒼白となり、足元がふらついていた。

このとき保護者たちは別のホテルに宿泊していたが、Ｊ・Ｗさんだけは世話役として現場に同行していた。抽選後にＪ・Ｗさんが監督と息子を車に乗せ、チームが宿泊するホテルまで送り届けることになっている。その車内で息子に様子を訊くと、

「公園に行ったら、白い着物を着た、変な人たちがいたんだよ……。何だか嫌な感じがして、よく見たら、化粧をしているのか、顔まで真っ白で……。その人たちと擦れ違ったら、気分が悪くなってきたんだ……」

「何っ⁉」

それは一大事だ――Ｊ・Ｗさんは狼狽し、背筋に悪寒が走るのを覚えた。危うく赤信号の十字路に突っ込みそうになる。それでも何とか停車して、心を落ち着かせた。

「熱が、あるのか？」

「熱はないみたい……。でも、身体が凄く重いんだ。頭も痛いし……」

息子はＪ・Ｗさんや妻と違って、不可思議なモノが見えることは少ないのだが、幼い頃からその類いの気配を感じると、急激に体調が悪くなることがある。

そこでホテルに到着後、Ｊ・Ｗさんは出入り口近くのやや目立たない場所へ息子を連れてゆき、見よう見真似の御祓いめいたことを行った。日頃から身に着けている御札――某神社の氏子札――を首から提げさせ、水晶のネックレスも着けさせる。そして犬たちの遺骨と牙が入っているロケットのキーホルダーを携帯電話のストラップに繋げて持たせた。

それに加えて、財布から常に持ち歩いている塩が入った小袋を取り出すと、塩を振りかけ、息子の両肩を両掌で強めに二度叩いた。大きな音が立つ――。

「おっ……。身体が軽くなったよ、お父さん！　ありがとう！」

息子の顔に笑みが広がった。声にも活気が甦ってくる。

「俺、急に腹が減ってきた。じゃあね！　また明日！」

息子は手を振ると、軽い足取りでホテルに入っていった。

数時間後、Ｊ・Ｗさんは監督に電話をかけて息子の様子を訊いてみた。

「それが、ホテルの食堂に入ってきたら、別人のように元気になっていたんですよ。顔色も良くなって、夕飯もしっかり食べていたので、驚きました。何をなさったんですか？」

「いやあ、色々なモノを使ったので……。何が効いたのかは、私にもわかりません」

何かをしたのではなく、神仏に何かをしてくれるように頼んだつもりであった。ただ、監督には信じてもらえないかもしれないので黙っていたが、

（きっと、一番は犬たちのおかげだな。あの二頭が息子に憑いてくれているんだろう）

J・Wさんは、二頭それぞれの死に際に、こう頼んでいたことを思い出した。

「俺やカミさんのことはいいから、息子を頼む。あいつを守ってやってくれ！」

時は流れて――。

大学生になった息子と最近、二人きりになったときに〈ばらきさん〉の話題が出て、息子もそれについて調べていることがわかった。詳しいことはまだ何もわからないそうなのだが……。

J・Wさんは、自らの家系に纏わる眷属がいよいよ自宅を訪ねてくる日が来た場合、対抗できるのは人間ではなく、犬なのではないか、と思っているという。

二頭の遺骨は、現在も自宅のリビングルームの片隅に鎮座している。ペットの遺骨を納められる墓地があることは知っているが、どうしても手放すことができずにいるそうだ。

野良亀

男性Xさんは語る。

「僕は二十歳のときにこの市にやってきました。就職した会社の工場があるからです。それから三十三年になります。会社では仕事ができないほうなので、上司や同僚から嫌われていて、職場に友達はいません。仕事が遅い、といつも馬鹿にされています。だから向いてないのかと思って、別の課への異動を希望したこともありますが、駄目でした。辞めようと思った時期もあったけど、ほかの会社の入社試験を受けても全部落ちてしまって……」

こんな人生ならいつ死んでもいい、早くいなくなりたい——と、思い始めた二十代の頃のXさんからは若者らしい覇気が消え、実際の年齢よりも老けて見られるようになった。

変化が起きたのは、二十六歳のときのことだという。

当時の彼の暮らしは、職場とアパートを行き来するだけであった。友達がいないので休日はテレビを見るか、寝て過ごす。趣味と呼べるものは何もなかった。スポーツは苦手だし、読書もしない。酒は飲めず、煙草も吸えず、ギャンブルにも勝った例《ためし》がなかった。

その休日も、何もやることがなかったので、近くの町にできた大きなホームセンターへ行ってみた。そこにはペット売り場がある。何か飼えば暮らしが楽しくなるかと思ったが、アパートでは犬猫の飼育は禁じられていた。

熱帯魚などの売り場へ行くと、ミドリガメがいる水槽があった。子亀の群れが水中を泳ぎ回ったり、砂利の陸地に揚《あ》がって甲羅干しをしたりしている。名前通りの鮮やかな黄緑色で、宝石のように美しい。Xさんは無性に欲しくなって、二頭の子亀を買った。飼い方を若い女性店員に訊ねると、簡単な説明を記したパンフレットを渡された。

プラスチックケースと亀用の配合飼料も買って帰った。ケースに浅く水を入れ、石を拾ってきて陸地を作り、子亀たちを放す。二頭まとめて掌に乗るほどの大きさであった。

配合飼料を鼻先に落としてやったが、首を引っ込めてなかなか食べようとしない。少し離れた場所から眺めていると、しばらくして恐る恐る餌に齧りついていた。

(臆病で、繊細な動物なんだな)

なおも観察してみると、小さな配合飼料の粒も子亀には大き過ぎるようで、簡単には噛み砕くことができない。そこで粒を爪で半分に砕いて与えたところ、見事、丸呑みにした。

「その日から僕には生まれて初めて趣味ができたんです。仕事を終えてアパートへ帰ると、真っ先に風呂場の前に置いたケースを覗き込むようになりました」

じきに二頭は馴れてきて、Xさんが帰宅すると餌をねだるようになった。あどけない顔で懸命に駆け寄ってくる。指先に餌をくっつけて与えれば、それも食べるし、掌にまで乗ってくるようになった。こうなると、かわいくて仕方がない。

職場では相変わらず楽しいことは何もなかったが、こいつらの餌代を稼ぐために働くんだ、と考えるようになったことで、仕事も以前ほど嫌ではなくなってきた。

秋が深まり、木枯らしが吹き始めた頃、子亀たちは餌を食べなくなって水中で冬眠を始めた。そのまま放っておいたところ、春先になって動き出したのは一頭だけで、もう一頭は四肢や首を伸ばした状態で硬くなっていた。死んでいたのである。

「がっかりしましたが、まだ一頭が生きているので、亀の飼い方をもっと研究しようと思い始めたんです。ホームセンターの店員はあまり専門的な知識がなさそうだったから、本を何冊も買ってきて独学で勉強しました」

生き残った子亀はその後、病気に罹ることもなく成長していった。甲長（甲羅の縦の長さ）が十センチを超えると、プラスチックケースでは狭くなってきた。そこでXさんは六十センチのガラス水槽を購入した。広い水槽の中で亀は気持ち良さそうに泳ぎ回り、成長していった。

ところが、良いことばかりではなかった。

子亀の頃には美しかった黄緑色の甲羅が徐々に変色し、黒ずんだ不気味な色合いに変わってきたのである。首や尾、四肢も黒ずんできて、まるで別種のように見える。かつての面影を留めているのは、両目の後ろにある濃いオレンジ色の模様のみであった。

ちなみにミドリガメとは、北米原産のミシシッピアカミミガメの幼体につけられた商品名なのだ。この亀は既にミドリガメとは呼べない姿になっていた。

食べる餌の量も増え、大きな糞を排泄するようになった。濾過装置を設置しているのに水替えを四、五日やらずにいると、部屋中に悪臭が漂ってくる。気性も荒くなって、水を替えようと水槽に手を入れれば盛んに指を齧ろうとするし、甲羅を洗ってやろうと水から出すと不機嫌になり、フウウッ！　と唸るように息を吐いて威嚇してきた。

「おまえ、最近何だか、かわいくなくなったな……」

Xさんは溜め息を吐くことが多くなっていた。

Xさんが三十二歳の頃、隣町に爬虫類ショップが開店した。興味を覚えた彼は〈偵察〉に出かけた。小さな店で、中年の男性店主が一人いるだけだが、瞠目《どうもく》させられた。

棘だらけの太い尾を持ったトカゲのトゲオアガマ、鮮やかな緑色をしたグリーンイグアナの幼体、ごてごてした姿がどこか恐竜を思わせるフトアゴヒゲトカゲ、轆轤《ろくろ》首のように頸部が長いジーベンロックナガクビガメ、海亀に似た鰭状の四肢で水中を自由に泳ぎ回るスッポンモドキ、白地に赤い斑模様が美しいアルビノのコーンスネーク……。

「凄え！　世の中にはこんな動物がいるのか！　と、痺れましたよ」

テレビや書物で見たことはあっても、実見するのは初めての種ばかりであった。これまでアカミミガメだけで満足していた自分が、急に幼稚で惨めに思えてきた。あれもこれも欲しい、という気持ちが勃然と湧き上がってくる。

Xさんは依然として職場では冷遇されていた。組合に入っているので解雇される心配はないが、後輩が昇任し、平社員のXさんは職場での居心地が前にも増して悪くなっていた。

「それで、僕はもう趣味の世界に生きる以外にないんだ、誇りを持てるような、レベルの高い趣味を持たなければ、死んでいるのと同じじゃないか、と思うようになったんですよ」

Xさんの中で何かが狂い始めていた。それからはさまざまな爬虫類と飼育器具を買い集めたという。珍しい亀やトカゲ、蛇はもちろんのこと、ログハウス風の高価な飼育ケージや専用の暖房器具、照明器具までが彼にとっては宝となり、誇りとなった。

ところで、Xさんは両親や親戚に勧められて十回以上も見合いをしていたが、いずれも先方から断られていた。見合いの相手にも爬虫類のことしか話さなかったせいらしい。

しかし、以前と違って落胆はしなかった。この頃には買う物がないときでも爬虫類ショップへ遊びに行くようになっていた。店主は嫌な顔をせずに歓迎してくれるし、来店した

ほかの愛好家たちとも言葉を交わすようになった。中には、

「庭に亀用の池を造ったから、今度、見に来ませんか？」

「嫁さんが欲しいなら、蛇が好きで独身の娘さんを知ってるから紹介しましょうか？」

などと、言ってくれる者たちまで現れた。

Xさんは郷里を離れて以来、初めて自分の居場所を見つけた気がしたという。

「この趣味を続ける限り、僕にだって仲間がいるし、夢も希望もあるんだ、と思えるようになったんですよ。昔みたいに、いつ死んでもいい、とは考えなくなりました」

三十五歳になったXさんは肌の艶が良くなり、若返ってきて、外見は二十五、六歳に見られるようになっていた。

だが、ペットの数が増えれば、当然のことながら世話をするのが難儀になる。

元来、彼はてきぱきと働けるタイプではない。平日は仕事が終わって家に帰ると、毎晩、食事もしないで夜中までペットたちの世話をしていた。

その上、爬虫類は蛇を除けば広い容器で飼わないと運動不足になりやすい。しかも同じ容器で飼うと傷つけ合ったり、拒食するものがいたりするので、個別飼育が好ましいのだが、彼のアパートには既に新しい容器を置ける場所がなくなっていた。収入の多くを爬虫類と飼育器具、餌の購入に充ててきたので、広い住まいに引っ越す資金はもはやなかった。

そんなある日、帰宅した彼の姿を認めたアカミミガメが、昔のように餌をねだって水槽の中を激しく動き回った。汚れた水が跳ねてシャツにかかる。Xさんは水槽を叩いた。

「汚えな！　馬鹿野郎！」

アカミミガメはまだ成長を続けていて、甲長が二十五センチを超えていた。今や六十センチ水槽でも窮屈である。さらに大きな容器が必要なのだが、それを用意する気にはならなかった。既にこの亀への愛情は薄れており、心が離れていたのだ。

「もう、こんな奴はいらない、甲羅の模様は汚いし、どうせ飼っていたところで自慢にもならない平凡な亀だものな、と考え始めたんです。こいつがいなくなれば、同じ水槽で新しいペットが飼える、もっと珍しい種の飼育に挑んでみたい、と思っていました」

そこで初めは、かの爬虫類ショップに引き取ってもらうことを考えた。

ところが、相談しようと店へ行ってみたところ、何と、閉店していたのである。爬虫類の生体と飼育器具の販売だけでは儲からず、店主は多額の借金を抱えて廃業したらしい。

困惑したXさんはまた新しいショップを探すことにしたが、まずはアカミミガメをどうするかで悩むことになった。そして思案するうちに、かつて散策に行ったことがある広大な公園を思い出した。車で三十分近くかかるが、亀が棲む大きな池があるのだ。

「あそこに放してしまえばいい、と思い立ちました」

Xさんは日曜日にアカミミガメをプラスチックケースに押し込み、車で公園へ向かった。園内はコナラや桜などの広葉樹が数多く生えた雑木林になっている。初夏の昼過ぎ、青空はまぶしく、木々の若葉は瑞々しい。若いカップルや家族連れが散策を楽しんでいた。

「さあ、これでおまえは自由の身だぞ」

Xさんはケース越しに亀に向かって話しかけると、池を目指した。

池の岸辺は一部がコンクリートで固められているものの、多くは土で形成されている。複雑な形をした池で、小さな島が幾つかあって葦《あし》や蒲《がま》が茂みを作り、ひょろりとしたヤナギまで生えていた。水面から突き出た流木の上では、亀の群れが後ろ足を伸ばして初夏の日差しを貪っている。よく見ると、すべてアカミミガメらしい。

池のぐるりには散策路があり、その外側に雑木が生い茂っていた。〈釣り禁止〉の看板があるが、ルアーを投げる少年の姿が見える。ブラックバスでも狙っているのであろう。散歩する人々の姿も数多く見られたが、Xさんはかまわず、亀をケースから取り出した。

フウウッ！　と耳障りな音を立てて息を吐く。

「何だい、最後まで愛想の悪い奴だなぁ！」

亀を池に放り込んだ。ドブン！　と大きな水音が響く。

Xさんが引き揚げようとしたとき、眼鏡を掛けた白髪の老人がこちらに近づいてきた。

「あんた、今、亀を捨てたね！　捨てたのはどんな種類だ？」

「えっ……。はあ、アカミミ、ですけど……」

「やっぱりそうか！　この馬鹿者めがっ！」

「………」

「この池は大昔からあった天然の池で、元から日本にいた生き物が沢山棲んでいるんだよ。そこに外国産のペットを放せば、どうなると思うかね!?」（注）

子供に対するような説教をされて、Xさんはうんざりした。

「わかりましたよ。でも、もう放しちゃったものは、どうしようもないでしょう」

それだけ言い返して、逃げるようにその場から立ち去った。一度振り返ると、老人は池の畔に立ってこちらを睨んでいる。追ってくるのではないか、と不安になったが、何歩か進んでから二度目に振り返ったときには、釣りをしている少年に向かって、

「おうい！　ここは釣り禁止だぞ！」

と、注意を始めたところであった。

（変な爺さんだ。元教師かな？　学校と同じ調子でやられたんじゃ敵わねえよ）

Xさんは不愉快に思いながら駐車場へ戻ると、車に乗り込んだ。

さて、外国産の動植物が帰化し、日本古来の生態系を破壊していることは、よく書物にも書かれている。アカミミガメもその一つで、日本固有種であるニホンイシガメの生息地を奪った、と見る向きが多い。アカミミガメはニホンイシガメよりも大きくなり、沢山の卵を産む。雑食性でほかの亀の卵や子亀を食い、親亀が日光浴をする場所も奪ってしまう。それが原因で都市近郊の河川池沼ではニホンイシガメがいなくなった、といわれている。

「その話は僕も知ってました。だから僕なりに悩みましたよ。それでも、もっと他人に自慢できるような爬虫類を飼いたかったんです。この趣味を極めること以外に、僕が生きる意味はないと思っていたから。それに、どうせ公園の池はもうアカミミだらけですから、今更僕が捨てるのをやめたところで、消えたイシガメが甦るわけじゃないでしょう」

何とも身勝手な理屈で、共感できるものではないが、それはともあれ――。

アパートへ帰ってきたXさんは疲れていたので、ドアに鍵を掛けると、畳に寝転がって座布団を枕にし、昼寝を始めた。数時間が経って、

「痛《いた》っ！」

Xさんは胸に痛みを感じて目が覚めた。何かに引っ掻かれたらしい。跳ね起きると、胸の上から大きな石のようなものが転げ落ちた。

畳の上に大きな亀がいる。アカミミガメであった。

飼っていた亀にまちがいない。Xさんはうろたえた。

「お、おまえ……。な、何で、ここに……？　帰って、きたの、か……？」

亀は巷《ちまた》でいわれているほど鈍重な動物ではない。頑丈で重い甲羅に覆われているわりには速く歩けるし、持久力があって行動範囲も広いのだ。だが、公園の池からの距離は十数キロもある。犬ならともかく、亀が数時間で歩いて帰れる距離ではない。しかも、この部屋は二階にあるので、亀が階段を上ってきたとは到底思えなかった。

誰かが置いていったのか、と玄関のドアを見に行くと、鍵は掛かっている。

「おまえ、どうやって、帰ってきたんだよ？」

こちらを見上げているアカミミガメに訊ねたが、もちろん、相手は沈黙している。Xさんは長年一緒に暮らしてきたこの生き物が、ひどく不気味な存在に思えてきた。

（早く捨てに行かなきゃあ！）

アカミミガメをプラスチックケースに押し込み、再び公園へ向かって車を走らせた。

公園に到着したときには既に日が暮れていた。池の周りには街灯が点いているが、昼間と違って水面が黒々としており、魚が跳ねる水音も薄気味悪く感じられる。

ぐおん、ぐおん……と、ウシガエルが鳴き出す。これもブラックバスも帰化動物である。昼間と同じ場所までやってきた。四方を見回したが、監視している者はいない。

Xさんが亀を取り出そうとしたとき、急にケースが軽くなった。中を見ると、亀の姿が消えている。ケースの蓋はまだ外していなかったので脱走されるはずがないのだ。

（ええっ？　どこに消えたんだよ!?）

そのとき、二十メートルほど前方にある小島が光ったように感じられた。ヤナギと葦の茂みが影を作っている。その根元が幽かに光っていた。

（今度は何だよ？　気味が悪いな。蛍でもいるのか？）

Xさんがそちらを凝視すると、黄緑色に輝く光が宙に浮かび上がった。ゲンジボタルが放つ光よりも少し大きな丸い光で、ゆるゆると水の上を滑るように、こちらに近づいてくる。それが次第に膨らんでくるのがわかった。

「うっ……」

得体の知れない光の接近に、Xさんは戦《おのの》いた。本能が危険を察知しているのか、総身が冷たくなり、背中に鳥肌が立つのが感じられる。逃げ出そうとしたが、何かを踏みつけ、足を滑らせて転倒した。石のように硬くて濡れたものに手が触れる。

（何だ、これは!?）

街灯の光を頼りに地面を見ると――。

大きな亀の大群が散策路を埋め尽くしていた。いつの間に集まってきたのか、百頭以上はいただろう。どの亀も甲羅に濡れた藻がびっしりと生え、それが青白く光っている。亀が動いたことと、濡れた藻によって足が滑ったのだ。

Xさんが立ち上がったとき、池の上から黄緑色の光が近づいてきた。それは彼の頭部よりも大きくなっていた。逃げる間もなく、光によって頭部をすっぽりと覆われてしまう。

と、同時に、身体を前後左右から物凄い力で押さえつけられた気がした。まったく抵抗ができない。足が勝手に動き出したかと思うと、散策路から逸れてゆく。

(嫌だ！　よせっ！　やめてくれえ！)

思いとは裏腹に、黒い水面目がけて跳躍していた。

頭まで水に浸かって、そこで記憶が途切れたそうである。

どれほどの時間が経ったのか、いつしかXさんは駐車場に駐めた車の前に佇んでいた。夢を見ていたような気がしたものの、全身ずぶ濡れで衣服や頭髪に泥や水草の一部が付着しているので、池に落下したのが現実だったことを悟った。

そのまま車でアパートへ帰ると、自室に両親が来ていた。何かあったときのために合い鍵を渡しておいたのだが、母親が青ざめた顔で駆け寄ってくる。

「おまえ、一体、何があったんだい⁉」

「池に落ちたんだよ……」

「そうじゃないよっ！　三日間もどこで何をしてたのっ⁉」

初めは母親が何を言っているのか、さっぱりわからなかった。だが、話を聞いてみると、Xさんは月曜日から三日間連続で仕事を無断欠勤していたのだという。携帯電話にも連絡がつかないことから騒ぎになり、会社から連絡を受けた両親がアパートを訪れても、Xさんの姿はなかった。水曜日の朝になって、両親は警察に捜索願いを出していたそうだ。

「そんな……？　まだ日曜日の夜のはずだよ」

Xさんは携帯電話で日付を確認しようとしたが、池に落としたのか、なくなっていた。部屋に入ってデジタル時計を見ると、確かに水曜日で、あれから三日後の日付になっている。Xさんが飼っているペットたちは餌を与えられずに放置されていたが、初夏で低温に晒されなかったことと、爬虫類特有の飢えに対する強さから、全頭無事であった。

両親が帰ったあと、ポストに溜まっていた三日分の新聞を読めば、火曜日の地方版に地域の自然愛護運動に貢献してきた人物の訃報を伝える記事が載っていた。

『S・Sさん。七十五歳。日曜日の午後二時頃、胃癌により逝去』

という内容で、地元の有名人だったらしく、顔写真まで掲載されていた。
それはXさんに説教をした、あの老人であった。どうやら、ちょうど公園で出会った頃に亡くなっていたらしい。

恐ろしくなったXさんは、新しいペットを増やすことを諦めた。集いの場になっていた爬虫類ショップが潰れてからは、ほかの愛好家との交流も途絶えてしまった。連絡を取ってみたが、彼が新たな種の飼育への挑戦を断念したと知ると、誰も会ってくれなくなった。

「マニアの世界なんて、冷たいものですね。魔が差した、というんでしょうか。あの頃の僕は、本当に狂っていたんだと思います」

今のXさんはアカミミガメを捨てたことを深く反省し、後悔しているし、ほかのペットたちは責任を持って死ぬまで飼い続けてきたという。ただ、そう語る彼の顔はめっきり老け込んでいて、現在五十三歳でありながら、六十代後半の老人のように見えた。

（注）……アカミミガメに限らず、ペットを捨てることは「動物愛護管理法」違反に該当し、処罰の対象となるが、当時は環境省がアカミミガメを「緊急対策外来種」に指定する直前のことで、飼育者の認識が甘く、世間の非難も緩かったことが窺える。

鴉の王

男性Iさんは、以前に山と海に近い郊外のパチンコ店で働いていた。小さな店だが、ほかに娯楽施設が少ない地域なので繁盛していたという。

Iさんが三十二歳の春。

出勤して開店前の準備中に何げなく外を見ると、店先で大きな鳥たちが激しく戦っていた。一羽のカモメが十数羽のハシブトガラスの集団に襲われている。

カモメも、魚やさまざまな動物の死骸をはじめ、残飯などまで食べる貪欲な鳥なのだが、まるきり勝負にならなかった。鴉の嘴は猛禽類ほど鋭くないものの、大きくて先が尖っているので殺傷能力は十分にある。おまけに群れで攻撃するので勝てる鳥は滅多にいない。

激しい攻撃を全身に浴びたカモメは、見る間に血達磨になって殺されてしまった。

鴉は互いに争いながら、カモメの羽毛をむしり取り、肉や臓物を啄《ついば》み始める。

「うああ……」

その凄まじい光景にIさんは圧倒され、見入ってしまった。

「どうしたんスか?」

最近入った後輩の男性店員Pが近づいてくる。Pも屋外の光景に目を見張った。

「こりゃあ凄えな……」

カモメがたちまち鶏ガラのように骨ばかりになってゆく。

そこへ長身の男が近づいてきた。上下黒のレザースーツに身を包み、年の頃は三十がらみで、髪をオールバックに撫でつけた精悍な風貌をしている。

「うっ！　あいつは……」

Pが男の顔を見るなり、絶句した。

鴉たちは慌てて地面を跳ねて退き、おとなしくなった。全羽が男に向かって、頭《こうべ》を垂れている。

Iさんには、その男がまるで〈鴉の王〉のように見えた。

男は骨ばかりとなったカモメの死骸を拾うと、立ち去った。鴉の群れも飛び立ってゆく。

Iさんには見覚えのない男であった。店外へ出てみたが、どこへ行ったのか、男は既に姿を消していた。店に戻ると、Pが青ざめた顔をして佇んでいる。

「どうしたんだ？」

「いえ……。何でもねえっス……」

Pは首を横に振ったが、先程の男を見て怯えているようだったという。

この日は珍しく、店を訪れる客が少なかった。

夕方、閉店時間が近づき、客が一人もいなくなったので、Iさんはパチンコ台を開けて点検していた。閉店時間まで残り一分を切ったとき、不意に近くからやかましい鴉の鳴き声が聞こえてきた。

（まさか、鴉が店の中に入り込んだのか？）

驚いて鳴き声がするほうを見ると、鴉の姿はなかったが、喪服と思われる黒い服を着た中年の女たちが三、四人、店に入ってきた。

（何だよ、こんな時間に？）

女たちは別の台がある列へと進み、台に隠れて姿が見えなくなった。もう閉めますので、と断りに行こうとすると――。

一人もいない。同僚に無線で訊ねたが、

「誰も入ってきてないよ！」

との返事であった。

訝しく思いながらも電源を切るため、地下へ下りてゆくと、後ろから誰かが階段を下りてくる足音がする。振り返っても、人の姿はなかったのだが……。

ギャア、ギャア！　ギャア、ギャア、ギャア！

四方から耳障りな鴉の鳴き声が聞こえてきたので、どきりとした。しかし、鴉はどこにもいなかった。

翌日の午後。


Iさんは、黒いレザースーツ姿の精悍な顔立ちをした男が店内に立っているのを認めた。

(あっ！　昨日の男じゃないか！)

〈鴉の王〉だ。パチンコ台の前に座ることなく、通路の隅に佇んでいる。肩に鴉を一羽、乗せていた。

Pもその存在に気づいたらしい。〈鴉の王〉を目にするや、その場から離れてゆく。

(何やってんだ、あいつ？　今、逃げたな)

数秒間、Pの動きを目で追ったあと、再び〈鴉の王〉がいるほうへ視線を戻す。ところが、その間に〈鴉の王〉はいなくなっていたという。

それから数日後。

店の常連客で、近所に住んでいた六十代の女が病没した。Iさんたちは訃報をほかの常連客から聞いたそうだ。

さらに一週間ほどして、Iさんが閉店後にパチンコ台の釘を打っていると、店内で鴉が鳴き交わす声が聞こえてきた。それを合図にしたかのように、玉を打つ音が響き始める。

Iさんが愕然として様子を見に行くと、死んだはずの女が生前に気に入っていた台の前に座って、玉を打っていた。電源は既に抜いてあったので、どうして玉を打つ音がしているのかわからない。女は土気色の、無表情な顔をしていた。

Iさんは気味が悪くなって、一旦その場から逃げ出した。同僚を呼んで一緒に来てもらい、先程の台の様子を見に行くと、誰もおらず、玉を打つ音もやんでいたという。

「今の、一体、何だったのかなぁ？」

首を傾げたIさんは、ふと、Pが真っ青な顔をしてこちらを見つめていることに気づいた。そういえば、〈鴉の王〉が現れて以来、毎日元気がないようである。

また、この頃から店は急激に客足が落ちていた。客との間にいざこざは起きていないし、ほかの娯楽施設が近くにできたわけでもないので、Iさんたちは不可解に思っていた。

ある夜、仕事が終わってから、景気づけに皆で酒を飲みに行くことになった。Pも参加した。Iさんは近頃、店で続いている異変について、話題を切り出してみた。雇われ店長や同僚たちも、この一件は知っているので、誰もが気になっていたらしい。

「その男、生きた人間じゃないんじゃないか」

「そいつが色々と、店に良くないことを持ち込んできてるのかもしれないぜ」

などと、〈鴉の王〉について語り合った。

Pだけが青ざめた顔をして黙り込んでいる。

「なあ、Pはどう思う？」

Iさんは敢えて話しかけてみたが、

「いやあ、そう、言われても……」

Pは口籠もるばかりで、すぐに黙ってしまう。

(こいつ、何か知ってるな)

Iさんはこれまでの様子を見てきて、怪しいと思っていた。

雇われ店長や同僚たちとは一軒目で解散となったが、帰り際にPが声をかけてきた。

「Iさん、お話ししたいことがあるんスよ。もう一軒、つきあってもらえませんか？」

Iさんは二軒目でPの身の上話を聞くことになった。Pが相談を持ちかけてきたのは、年齢が近くて一番話しやすいように思えたからだという。Pはこのとき三十歳であった。

「俺はね、小学校の終わり頃から、中学、高校まで、けっこうなワルだったんスよ」

「へえ。意外だね。全然、気づかなかったよ」

「そりゃあ、大人になってからはまともにやってきたつもりですから。でも、どこの職場に行っても、必ず悪いことが起きるんスよ」

　Ｐは中学時代にいじめていた少年を登校拒否に追い込んでいた。二十歳になる前にその少年は自殺している。高校時代にもアルバイト先の同僚を「あいつ、仕事が全然できねえ。気に入らねえな」と毎日嫌がらせを仕掛けて辞めさせたことがある。ほかにも大勢の少年や、ときには少女に対しても嫌がらせや暴力を振るってきたそうだ。

　Ｐは高校生の頃から不良仲間と酒を飲み歩いていた。そして道中、気が弱そうな相手を見かけると、擦れ違いざまに暴言を吐いたり、容姿についての悪口を言っていた。いわば〈言葉の通り魔〉だったという。

　社会人になってからも素行の悪さは、すぐには変わらなかった。Ｐは二十歳のある夜、居酒屋からの帰路におとなしそうな青年と擦れ違った。いつものように、

「気持ち悪《わり》い奴だな！」「陰《いん》キャ（陰気なキャラクターのこと）！」

と、言葉の暴力を仕掛ける。

　すると、その青年が立ち止まって、こちらに向かってきた。

「おう、やるのか？　弱虫君」

　Ｐは殴ってやろうと身構えたが、青年は手を出す代わりに早口で何事か捲し立てた。何と言ったのか、皆目聞き取れなかった。言い終えると、青年は走り去ったそうである。

それから数日後、Ｐの身に異変が起こり始めた。頻繁に自分が殴られ、蹴られ、いじめられている夢を見る。夢から覚めると、寝室の隅に誰かが立っている。見れば先日、愚弄した青年で、瞬時に姿が消えてしまう。そんなことが度々起きていた。どうやら、うっかり呪術を使える相手を怒らせてしまったらしい。

しばらくすると、過去にいじめた相手が次々に夢の中に現れ、仕返しをされるようになった。その中でも殊更《ことさら》に強力なのが、中学時代のいじめが切っ掛けとなって、十代の終わり頃に自殺した少年なのだという。

中学時代に少年は、巣から落ちたハシブトガラスの子を飼っていた。それを知ったＰは、

「その鴉を俺にくれ！」

と、命令した。本当に鴉が欲しかったわけではない。少年がかわいがっている大事なものを奪いたかったのである。

だが、少年はそれを拒んだ。怒ったＰは少年を毎日殴って、登校拒否にさせている。

〈鴉の王〉は、Ｐが二十三歳のとき、初めて姿を現した。これはほかの相手と違って、夢の中ではなく、決まって現実の世界に出没する。この頃にはＰも懲りて、まともな人生を歩み始めていたものの、就職先に必ずやってくるのだ。

自殺した少年は、生前には痩せ細っていて、いつも青白い顔をしていたのだが、死後に

青年となって現れたときの風貌は精悍《せいかん》そのものであった。身長も伸びている。ただし、顔立ちにはかつての面影が窺えて、確かに同一人物なのだという。〈鴉の王〉は死後も成長し、年齢を重ねているらしく、現在はPと同じ三十歳くらいの姿になっているそうだ。

「あいつが来ると、どこの職場もおかしくなるんスよ。俺がクビになるか、職場が潰れるか、どっちかになる。だから転職を二十回もしてきたんです。今の店も危ないかもしれません。だけど、働かないことには食っていけないし、俺はこれからどうしたらいいんでしょう？　Iさんたちには本当に、申し訳ないことをしてると思ってるんスよ」

突拍子もない話なので、Iさんは返答に窮した。過去のこととはいえ、Pがやったことには嫌悪と軽蔑を感じてしまい、同情の念は湧いてこない。そうかといって、俺たちのために店を辞めてくれ、とも言えず、唸るばかりであった。

「俺は店長じゃないし……とにかく、もう少し様子を見ようぜ」

それだけしか言えなかった。

しかし、Pが語った通り、パチンコ店の客は激減を続けて、ほとんど客が来ない日が繰り返され、翌年の春には閉店する羽目になってしまった。閉店当日、Pはすっかり打ちひしがれ、憔悴《しょうすい》していた。

「夜中に寝苦しくて目が覚めると、身体が動かなくて、部屋中に鴉の群れがいるんです。布団の上にもいて、部屋中が真っ黒になってるんスよ」

〈鴉の王〉も部屋の真ん中に立っていて、鋭い眼光でPを見下ろしている。身体が動かせるようになると、それらは自ずと消えてゆく。そんな現象がこのところ、毎夜続けて起きているので、熟睡できないのだと語っていた。

Iさんは職場が閉店してから、Pと会う機会は二度となかったのだが……。

およそ一年後。

Iさんは行きつけの居酒屋で元雇われ店長と偶然、再会した。そしてPがあれからまもなく自殺したことを耳にしたという。田舎町なので噂が広がりやすく、又聞きではあるが、元雇われ店長はPの死後の様子まで知っていた。

Pは山奥へ行き、木の枝に縄を掛けて首を吊った。だが、なかなか発見されなかったことから、死体は胴体の重みで首が切断されてしまい、さまざまな鳥獣や虫に食い荒らされていた。地面に転げ落ちた首は、両目の眼球を抉《えぐ》り取られ、唇の肉を剥ぎ取られていた。腹を食い破られており、両足が骨ごとなくなっていたらしい。

死体が発見されたときも、周りの木の枝は鴉の大群で真っ黒になっていたそうである。

長めのあとがき

——あるマレーハコガメの一生——

二〇二一年七月七日、二十六年間も飼ってきた亀が死んだ。

フィリピンやタイ、マレーシアやインドネシアなどに生息するマレーハコガメの雄で、妻が〈ケメ〉と名づけた。結婚してまもなく、妻と買い物に出かけたショッピングモールに、爬虫類や両生類を扱うペットショップが入っていて、そこで入手した個体であった。そのときは生後半年くらいか、甲長七、八センチで、石鹸ほどの大きさしかなかった。

ところが、同じ水槽で販売されていた、甲長二十センチはあるオオヤマガメの後ろ足に噛みつく姿を見た。それで、チビなのに、やんちゃで元気がいいな、とすっかり気に入って、妻にも相談せずに買ってしまった。思った通りの人懐こい性格で、家に連れてきた夜から餌を食べ始め、数日後には指先から餌を与えても食べるようになった。私が飼育ケースを覗くと、いつも夢中でこちらに駆け寄ってくる。

子供の頃には十年ほどクサガメを飼っていたが、独立して初めて飼った亀であり、初めてのペットでもあった。とはいえ、飼い方がよくわからなくて、水中ヒーターにカバーを付けずに設置したところ、いつもその上に乗っていたので、火傷で腹甲（甲羅の腹側）に穴が開いてしまったこともあった。まるでガメラだ。腹甲の穴は獣医師に診てもらっても完治しなかったが、幸い、内臓には影響がなくて、十年近くかかって自然と塞がった。

その頃には甲長二十五センチほどの立派な成体になっていた。亀は首が非常に長い。尾の長さもあり、甲羅の横幅も広いので、実際には見た目以上に大きな動物なのである。

亀の性別は尾の太さや長さで判別できる。尾の付け根にある総排出腔の中に雄の性器も収められているため、雄の尾は同種の雌の尾と比べると、太くて長い。ただし、幼体では違いがわからないし、成体でも雌雄を多数見比べないと、判別が難しいこともある。

私は当初、ケメのことをてっきり雌だと思っていた。それで妻が何となく、〈ケメコ〉と名づけたのだが、飼い始めて一年ほど経った頃から尾が太く長くなり、総排出腔の位置が背甲（甲羅の背中側）よりも外側に出てきた。これは雄の亀の特徴である。また、発情しているのか、時折、真っ黒で巨大な性器を出す光景も目にするようになった。こうなると、〈ケメコ〉と呼ぶのはおかしいので、〈ケメ〉に改名することになった次第だ。

雄だとわかったので、マレーハコガメの雌を手に入れて、ケメに子孫を遺《のこ》させてやりたい、と考えたこともある。実際にあとから飼い始めた中国産セマルハコガメは、何とかペアをそろえて毎年、繁殖《ブリード》を成功させてきた。だが、ケメを入手した頃には安価で流通していた（あまり良い表現ではないが）マレーハコガメも、ペットショップではほとんど見かけなくなり、雌を連れてきて繁殖させることはできずに終わった。

また、私自身、亀の繁殖に対する意欲が衰えていったことは否めない。亀に必要とされる十分な日光浴や飼育スペースを確保するには、広大な庭付きの一戸建て住宅に住む必要があるが、そこまでの資産がなかったからである。それを痛感してからは、興味の対象がクワガタムシやタマムシなどの甲虫類へと移り始めた。セマルハコガメの繁殖も十九頭まで増やしたところでやめている。もちろん、責任を持って最期まで面倒を見る覚悟だ。思えば、結婚した直後から亀の飼育を始めたので、妻とはあまり一緒に旅行へ行ったことがない。天気が良い休日は、亀たちに日光浴をさせなければならないので、いつも家にいることが多かった。昆虫採集には行くが、日帰りが可能な近場ばかりである。

ケメは南方産の亀なので、冬眠はできない。カバー付きの水中ヒーターを使い、冬も餌を与えて活動させる。ほかの亀たちは冬眠する。温帯産のクサガメは当然だが、亜熱帯産と思われる中国産セマルハコガメも冬眠できる。したがって、一年を通して活動しているのはケメだけであった。その分、我々が接する時間が一番長い亀だったといえる。

水場から陸地へ揚がるときに、首を目一杯に長く伸ばし、グワァッ、と口を開けることがあって、その姿はどことなく、図鑑の復元図で見た恐竜のアパトサウルス（旧名ブロントサウルス。私はこの名前のほうが好きだ）やブラキオサウルスを彷彿《ほうふつ》とさせた。亀と恐竜は近縁ではないそうだし、大きさもだいぶ異なるのだが……。

雌と一度も交尾ができなかったせいか、ケメは時たま、気が荒くなることがあった。冬場になると水中ヒーターに興味を示し、いじって水面から押し上げてしまうのである。一時期、飼育にかかる経費を削減しようと、安価なヒーターを使ったことがあった。これは水中から五分程度出ていると温度制御ができなくなり、空焚きになってしまう。プラスチック製のヒーターカバーが溶けてしまい、悪臭を伴う有毒なガスも発生する。

そんないたずらをひと冬に何度も繰り返して、三本のヒーターを破壊した年があった。明らかに、壊すことを無上の楽しみとしてやっていたようだ。したがって、水中ヒーターは高くても、必ず空焚き防止機能が付いた製品を買わざるを得なくなった。

ところで、亀は人の見分けがつくらしい。私には人間嫌いな面があって、自宅に人を招くことは滅多にないのだが、真冬に弟が、幼い息子を連れて訪ねてきたことがあった。

「Y（息子のこと。私から見ると甥）に亀を見せてやりたいんだ」

ほとんどの亀が冬眠している中、動く姿を見せることができるのは、ケメしかいなかった。そこでピンセットから配合飼料を与えるところを見せてやり、甥にもケメに餌を与えさせた。このとき、弟や甥が飼育ケース（大型の衣装ケース）を覗き込むと、ケメは一度、わずかに首を引っ込める。そして二人が覗き込むのをやめると、首を伸ばして餌を食べる。

けれども、私が飼育ケースを何度覗き込んでも、まったく動じる気配がなかった。どうやら、見慣れない弟と甥のことは少し警戒していたようである。これによって、日頃から一緒に暮らしている私や妻と、ほかの人間の違いがわかっていることが判明した。

こうして我が家では長年にわたって亀の世話を続け、ケメもいるのが当たり前の存在となっていた。私が世話をさぼった日もあった。屋内飼育なので日光浴も十分だったとは言えない。それでも餌を沢山食べ、元気な状態で、飼育開始から二十年以上が過ぎた。

異変に気づいたのは、二十三年ほど経った頃である。駆け寄ってきて餌をねだることが少なくなったし、食べる餌の量が減った。水中ヒーターへのいたずらもしなくなった。

「こいつも年を取ったのかなぁ」

亀の寿命は万年と言われるが、実際に一万年も生きられる高等動物はいない。ゾウガメなどのリクガメの仲間は長生きで、百年以上生きる種もいるが、それ以外の亀の多くは、飼育下でも二十年程度が寿命なのだという。その後、水換えや日光浴の回数を増やしたり、餌を変えたりしてみたものの、二年ほどは良くなることも悪くなることもなかった。

しかし、二〇二一年一月、ケメはとうとう餌を食べなくなった。項垂《うなだ》れているので、死んだのか？　と思ったこともあったが、ケメはまだ生きていた。たまに少量の餌を食べる。

五月、いよいよ状態が悪くなってきた。この頃に危惧していたのは、単著『上毛鬼談群魔』の締め切りが近づいていた上、七月三日に主催する予定だったイベント「戸神重明の高崎怪談会22」の直前や当日に死んでしまったら、どうしよう、という悩みであった。

現在の我が家は集合住宅なので、埋葬する地面がない。実家は誰も住まなくなって久しく、管理が面倒だったので、土地を売り払ってしまったのだ。ペット霊園も調べてみたが、犬猫専門や、引き取りに来るだけであとはお任せ、という怪しい会社が多く、気が進まなかった。やむなく夜中に近所の公園へ埋めに行く計画を考え始めた矢先、妻がこう言った。

「もしものときは、××（千葉県某市）の家に埋めて、お墓を建ててあげたいの」

確かに、千葉県某市にある妻の実家には狭いながらも庭があり、過去に飼った犬やハムスター、インコの墓もある。ただし、高崎市から往復するには高速道路を利用しても車で四時間以上かかる。それも困るな――毎日、ケメの状態を見ながら憂鬱になる日が続いた。

動物病院には連れていかなかった。近所に亀を診てくれる病院はなく、車で一時間近くかかる地域の病院しか知らなかったからだ。とはいえ、ほかの若い亀たちが体調を崩したときには連れてゆき、治してもらったことが何度もあった。だが、今度ばかりは高齢による衰えが影響しているものと思われた。そのため、往復で二時間近くも車に揺られて苦しめるよりも、静かな最期を迎えさせてあげたい、と考えていた。

幸い、六月を過ぎてもケメは生きていた。餌を食べ出したのだ。毎日、水に浸した配合飼料をスプーンに載せて与えると、かなりの量を食べる。片目が見えなくなってしまったようで、見当違いなところを噛もうとすることが屢々《しばしば》見られたが、ここ数年では一番餌食いが良さそうであった。妻と顔を見合わせて、何度も言ったものだ。

「もしかしたら、治るかもしれない！」

おかげで『上毛鬼談　群魔』は無事に執筆、推敲、著者校正を終えて、六月末の出版へと漕ぎ着けることができた。あとは「戸神重明の高崎怪談会22」である。これは私が六年前から主催してきた「高崎怪談会」の中でも、最大規模のイベントにする予定であった。

ケメは餌を食べるとき以外は、一日中じっとしている状態が続いていた。

ケメ、死なないでくれ——何度か心の中の声で、そう話しかけたことがある。

すると、念が通じたのか、七月三日の朝も、ケメは変わらず生きていた。イベントは盛況で、無事に終わった。翌日は疲れて一日中、寝ていなければならなかったけれども……。

七月五日、ケメは餌をよく食べた。もっとも、快復したわけではない。翌六日の午後に容体が急変した。ずっと目を閉じていて、足に力が入らないのか、自力で歩けなくなったのだ。その夜、午後九時頃まで生きていたことは確認している。それ以降は、もはやどうすることもできないので、そっとしておいてあげようと、敢えて様子を見に行かなかった。

翌朝、ケメが冷たくなっていることに妻が気づき、泣きながら、寝ていた私を起こしに来た。手に持ってみると、既に首や足の関節が硬くなっていた。日付が変わる前後に死んでいたのかもしれない。その日は夫婦そろって仕事を休みにして、千葉県某市まで車を走らせ、亡骸を埋めに行った。まだ梅雨は明けておらず、東京都内に入ると雨が降ってきた。降り頻る大雨の中、びしょ濡れになりながら墓穴を掘り、手厚く葬ってやった。

私には、まるでケメが単著の出版と主催イベントの終了まで何とか頑張って、持ち堪えてくれたように思えてならなかった。亀に人間の都合などわかるものか、寿命を延ばす能力などあるものか、と考える向きもあるだろう。私自身も以前はそう考えていた。しかし、二十六年間も一緒に暮らしてきた者同士、実は霊的な交信ができていたんじゃないか、それが奇跡を起こしたんじゃないか、と思えてきた。そして、俺はどこまでも身勝手な男で、いい飼い主じゃなかった、もっとしっかり世話をしてやれば良かった、と悔やんだ。

その後、しばらくはケメがいなくなった飼育ケースを見ると、悲しい気持ちになった。妻は毎日泣いていた。ケメがいない日常に慣れることができたのは、秋になった頃である。

現在、千葉県にある妻の実家では年老いた岳父が、絶えず線香や菊の花を供えてくれているそうで、余生のささやかな生き甲斐になっているらしい。

二〇二二年　早春　風の東国にて　　北関東の怪物　戸神重明

※「晩鳥狩り」は初出『田舎の怖い話』（エブリスタ編）収録「十二様」より改稿。

いきもの怪談 呪鳴《じゅめい》

2022年4月4日　初版第一刷発行

著者……戸神重明
カバーデザイン……橋元浩明（sowhat.Inc）

発行人……後藤明信
発行所……株式会社　竹書房
〒102-0075　東京都千代田区三番町8-1　三番町東急ビル6F
email: info@takeshobo.co.jp
http://www.takeshobo.co.jp
印刷・製本……中央精版印刷株式会社